_____님께

선물을 전합니다.

_____드림

내 아이들에게 주는 선물

내 아이들에게 주는 선물

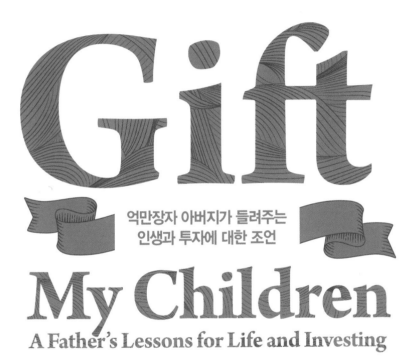

Gift

억만장자 아버지가 들려주는
인생과 투자에 대한 조언

My Children
A Father's Lessons for Life and Investing

짐 로저스 지음 | 이은주 옮김

이레미디어

내 아이들에게 주는 선물

아버지가 들려주는 인생과 투자에 대한 조언

이전에 나온 책들을 읽어본 독자라면 이번 책은 뭔가 다르다는 점을 금방 알아차릴 것이다. 이번 책은 전 세계를 누비고 다니며 겪은 모험 여행기도 아니고 어디에 투자해야 큰돈을 벌 수 있는지를 알려주는 투자 조언서도 아니다. 굳이 설명하자면 내 인생 경험에서 얻은 좀 더 심오한 교훈을 담은 책으로서 어린이, 젊은이, 나이 든 사람 가릴 것 없이 누구에게나 도움이 될 만한 내용이라서 이전에 썼던 책보다 이번이 훨씬 더 유용하리라 생각한다. 내가 이책을 쓰는 이유는 내 두 딸 때문이다. 2003년에 큰딸 해피(Happy)가, 그리고 2008년에 둘째 딸 비(Bee)가 태어나면서 내 인생은 달라졌고 세상을 바라보는 시각도 크게 변했다.

그 전까지만 해도 내 자식을 낳는다는 생각을 별로 해본 적이 없다. 나는 앨라배마에서 5형제 중 장남으로 태어났다. 동생들을 돌보는 일이 너무 힘들어서 스트레스가 이만저만이 아니었고 다섯 자녀를 키워야 했던 부모님도 재정적으로 몹시 힘겨워했다는 사실을 잘 알고 있었다. 성인이 돼서는 돈을 버느라, 또 세상 여기저기를 돌아다니느라 너무 바빠서 자식을 낳아 키운다는 생각을 할 겨를이 없었다. 부모가 돼 자식을 키우려면 밑 빠진 독에 물을 붓듯 시간과 에너지와 돈을 계속 쏟아부어야 하는데, 내가 하는 일에 열정을 다 쏟아도 모자라는 판에 그 일이 가당키나 했겠는가! 솔직히 말해 자식이 있는 사람들을 보면 좀 안됐다는 생각이 들기도 했다. 자식을 키우는 일에 그렇게 모든 것을 다 쏟아부어서야 다른 데 쓸 돈이나 시간이 있기나 할까 싶었다. 그래서 나는 저런 바보짓은 절대 하지 않으리라 다짐했다.

그러나 이런 오만한 생각을 비웃기라도 하듯 정말 중요한 '교훈' 이 저만치서 나를 기다리고 있었다. 바로 내 두 딸이 계기였다. 두 딸이 태어나면서 이 세상에 부모가 되는 것보다 더 가치 있는 일은 없다는 사실을 비로소 깨달았다. 그러나 이러한 깨달음도 시기가 맞아야 가능한 법이다. 나로서는 자식을 본 시기가 중요했다. 아니 할 말로 내가 스물이나 서른 혹은 마흔, 아니 쉰 살에 부모가 됐다면 나에게나 아이 엄마에게, 특히 태어난 내 아이들에게 큰 불행이 었을지 모른다. 그러나 지금은 내가 열중할 새로운 대상인 내 아이들에게 쏟아부을 시간도 있고 에너지도 있으며 경험도 충분히 있다. 아직 아이가 없다면 이제라도 자식을 낳는 것을 한번 생각해보라고 하고 싶다. 결과적으로 말해 아이들에 관해서는 내 생각이 틀렸음을 인정한다. 어차피 각자 결정할 일이기는 하지만, 독자 여러분은 웬만하면 과거의 나보다 현명한 판단을 했으면 한다. 한국의 독자는 더욱 그러했으면 한다. 특히나 한반도는 아이를 낳아 키우기 적합한 곳이다. 현재의 변화상을 보건대 앞으로 10년에서 20년 후면 이 한반도가 세계에서 가장 주목받는 곳이 되리라 생각하기 때문이다. 북한은 천연자원이 풍부한 데다 값싸고 교육 수준이 높으며 꽤 숙련된 노동력을 보유하고 있다. 한국(남한)은 사업적 역량

과 자본력이 강하다. 남북한 인구를 합한 한반도 인구는 약 7,500
만 명이다. 주요 경쟁국 가운데 하나인 일본은 심각한 수준의 부채
증가와 인구 감소로 전반적인 쇠퇴기에 들어가는 마당에, 한국은
성장과 부흥의 시대로 진입하고 있다. 그러니 지금이야말로 아이
를 갖기에 최적의 시기라 아니할 수 없다. 여러분 자신을 위해서도
그렇고 국가를 위해서도, 더 나아가 전 세계를 위해서도 말이다.

어렸을 때 아버지는 종종 나를 불러놓고는 올바른 '인격' 형성에
도움이 되는 말을 자주 해주셨다. 말하자면 인성 교육에 신경을 쓰
셨다. 아버지가 해주신 말은 그리 거창하지는 않았다. '열심히 해
라', '스스로 생각해라', '다른 사람을 공정하게 대해라', '돈을 아껴
써라' 등등 올바른 인성을 기르는 데 초점을 맞춘 말이 대부분이었
다. 그리고 이러한 가르침이 이후 내 삶을 살아가는 데 기본 바탕
이 됐다. 이제 내가 아버지가 됐고 나도 내 아버지처럼 두 딸이, 아
니 내 딸만이 아니라 성공을 추구하거나 조언을 구하는 모든 사람
이 유용하게 사용할 수 있도록 인생과 사랑, 모험과 투자 등에 관해
알아두면 좋을 사실들을 기록해두고 싶다.

부모는 자식에게, 그리고 자식은 부모에게 이 책을 권하며 함께 읽었으면 참 좋겠다는 생각을 해본다. 살면서 내가 배웠던 교훈은 아이들과 젊은이뿐 아니라 어른도 곱씹어볼 가치가 있는 내용이다. 예를 들어 '모든 것에 의문을 품어라', '돈이 뭔지 알아야 한다', '남자(혹은 남자애)를 조심해라!' 등등.

짐 로저스

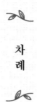

차
례

1 : 학창 시절

4 : 재능 발견하기

5 : 여성의 힘

6 : 마음에 관한 문제

7 : 품위 있는 삶에 관해

8 : 모험을 좇아서

9 : 돈에 대한 이해

내게 최고의 삶을 선사해준 너희에게

해피와 비, 너희가 태어난 후에 나는 부모로서 배움에는 끝이 없다는 사실을 알았다. 너희는 계속해서 내게 배울 거리를 안겨주었고, 나는 부모로서 한시도 배움을 게을리할 수 없게 되었다. 너희 덕분에 부모로서 맞게 된 이 새로운 세상에서 전에는 이해하지도 상상하지도 못했던 많은 것을 알게 됐다. 이제 십 대 시절을 시작한 너희에게 도움이 될 만한 가르침과 조언을 주기에 적당한 시점이 아닐까 싶어서 이번에 이 개정판을 내게 됐다.

전에는 전혀 이해하지 못했고 가치를 느끼지도 못했으며 특별히 관심도 없었는데 너희를 낳고 내 스스로 부모가 되면서 '부모'라는 사람들이 비로소 눈에 들어왔다. 너희가 생긴 덕분에 나도 내 부모님을 더 많이 이해하게 됐다. 부모님이 아직 내 곁에 계셔서 같은 부모 입장으로 자식 일에 의견을 나눌 수 있으면 얼마나 좋을까! 대신 나는 다른 부모들의 이야기를 듣고 서로 의견도 주고받으며 많이 배웠다.

인간이 경험하는 감정 가운데 가장 고귀한 것이 사랑이고 그중에서 자식을 향한 부모의 사랑보다 더 큰 사랑은 없다는 사실도 배웠다. 그것은 가장 깊고 또 가장 진실한 감정이다. 너희를 사랑하는 일이 이토록 큰 기쁨인지 새삼 깨달을 때마다 지금도 흠칫 놀라곤 한다. 그동안 살면서 운 적이 별로 없는데 너희 둘이 생기고 나서는 눈물을 얼마나 많이 흘렸는지 모른다. 너희가 거둔 작은 승리와 행운에 가슴이 벅차서 기쁨의 눈물을 흘렸고, 너희가 상처받거나 고통스러워할 때는 가슴이 아파서 울었다. 나는 그저 너희의 고통을 조금이라도 덜어주고 싶을 뿐 다른 것은 크게 바라지 않는다. 너희가 고통스러워하면 그보다 열 배, 백 배 내가 더 고통스럽기 때문이다. 그래도 다행히 그동안 흘린 눈물 대부분이 기쁨의 눈물이었다.

그동안 내가 거뒀던 크고 작은 승리와 성공의 순간 중에서 너희를 낳고 부모가 되면서 느낀 기쁨에 맞먹는 것이 있었는지 열심히 떠올려봤다. 그러나 아무리 생각해도 부모가 된 기쁨에 비할 만한 것이 없었다. 너희가 나를 완전히 새 사람으로 만들어줬다. "자식을 낳는 순간 비로소 인생이 시작되는 거라니까." 전에는 이렇게 말하는 사람을 비웃었다. 그러나 이 말이 맞다는 것을 지금에야 알게 됐다. 지금의 나는 이렇게 완전히 다른 사람이 되어 완전히 다른 삶을 살고 있다.

새사람이 되어 새로운 인생의 길을 걷게 된 나는 너희를 위해 아시아로 이주하기로 결심했다. 그래서 해피가 네 살 때 싱가포르로 왔고 얼마 지나지 않아 그곳에서 둘째 비가 태어났다. 나는 너희가 중국어를 유창하게 할 정도로 잘 배워서, 앞으로 너희가 살아갈 세계의 중요한 일부가 될 아시아에 대해 더 많이 알고 더 잘 이해하기를 바랐다.

교육 문제도 우리가 미국을 떠나 아시아로 이주하게 된 주요 동기 가운데 하나였다. 아시아 학생들이 국제 학업 성취도 시험에서 상대적으로 좋은 성적을 냈기 때문이다. 아시아 학생들이 거의 1위를 차지하는 동안 미국 학생들은 이제 순위 안에도 들지 못했다. 내가 수십 년 전에 받았던 교육 수준을 이제 미국에서는 기대할 수 없겠다는 생각이 들었다.

내가 어렸을 때는 자존감을 키우려고 정말 지치는 줄도 모르고 열심히 공부했던 기억이 난다. 그런데 요즘의 미국 학생들은 '자존감 향상'을 위한 수업을 따로 받는 것 같다. 아시아에는 '자존감 향상' 수업 따위는 애초에 존재하지도 않는다. 대신에 좋은 성적을 받는 것으로 자존감을 키운다. 그리고 나도 이렇게 해야 한다고 생각한다.

내가 학교에 다니던 시절에는 학생들이 공부를 잘 못하거나 열심히 노력하지 않으면 낙제하기 쉬웠다. 그러나 요즘 미국에서는 낙제가 흔하지 않다. 그러나 아시아는 그렇지 않다. 일례로 미국의 꽤 유명한 대학에서 강의를 하고 있을 때 성적이 좋지 않은 한 학생을 낙제시켰는데 대학 당국이 나서서 내 결정을 뒤집고 그 학생을 구제해준 일이 있었다.

우리가 처음 싱가포르에 왔을 때 왜 아시아로 오기로 결정했느냐는 질문을 자주 받았다. 이런 질문을 받을 때면 무엇보다 아시아의 교육 제도가 마음에 들었기 때문이라고 대답했다. 어느 날 한 학생의 어머니가 내 아이들도 초등학교 졸업시험(Primary School Leaving Examination, PSLE, 싱가포르에서 열두 살 학생이 반드시 봐야 하는 시험-옮긴이)을 치르게 할 생각이냐고 물었다. 싱가포르 부모 대다수가 무슨 수를 써서라도 꼭 피하고 싶어 할 만큼 부담스러운 시험이라면서 말이다. 그때는 그렇게 엄격하고 힘들고 도전적인 교육 환경이 마음에 들었고 우리가 이곳에 온 이유도 바로 그 때문이라고 대답했었다.

그러나 그때는 정말 내가 뭘 몰라도 너무 몰랐다! 지금은 그 어머니를 찾아가 위로의 말이라도 전하고 싶은 심정이다. 아시아의 교육이 내가 생각했던 것보다 훨씬 소모적이고 상상 이상으로 과열됐다는 사실을 전혀 몰랐다. 그런데도 이 숨 막히는 교육 환경에서 너희를 빼내지 않았다. 너희 둘 다 학교생활을 아주 잘해줬다는 것이 한 가지 이유였기는 하다. 그렇지만 내 결정이 혹시 잘못된 것은 아니었는지 가끔 생각해본다. 아시아가 지난 수십 년 동안 꾸준히 성장하며 번창해왔다는 사실을 애써 상기하며 흔들리는 나 자신을 설득해왔다. 반면에 미국은 부채는 늘어가고 교육 체계는 약화할 대로 약화된 세계 최대 채무국일 뿐이다. 너희가 처음 책을 읽기 시작했을 때 나는 '맥거피 독서 교본(McGuffey's Eclectic Readers)'을 사용해 '읽기'를 가르쳤다. 이 교본은 19세기 말부터 20세기 초에 미국 학생들에게 '읽기'를 가르칠 때 사용한 교재였다. 이때의 학생들은 미국이 20세기 최고의 성공 국가이자 세계 최대 채권국으로 당당히 올라서는 모습을 지켜본 세대였다. 어느 쪽이 원인이고 어느 쪽이 결과냐고? 그건 나도 모른다. 그러나 당시 사용했던 맥거피 교본이 꽤 어려운 고급 읽기 교재였다는 사실만은 분명하다. 지금도 나는 더 상급의 교재를 읽는 걸 좋아한다. 그러나 지금 미국의 십대들과 대학생들은 12세용(그러니까 초등학교 고학년용) 맥거피 교본조차 버거워하리라 생각한다.

독서의 힘은 아무리 강조해도 지나치지 않다. 독서는 성공적인 삶을 사는 데 매우 중요하다. 너희 둘 다 일찌감치 그 사실을 알아차린 듯해서 마음이 흡족하다. 우리가 허락하기만 하면 너희는 하루 온종일이라도 책을 읽을 아이들이다. 언젠가 나는 너희가 읽기만 한다면 싱가포르(혹은 킨들)에 있는 책은 전부 사주겠다고 말했다. 그리고 언젠가는 정말로 너희가 다 읽을 테니 싱가포르에 있는 책을 다 사달라고 조르는 날이 올지도 모른다는 생각도 해본다. 너희가 언제 어떻게 해서 그렇게 어렸을 때부터 책에 빠져들게 됐는지는 잘 모르지만, 앞으로도 책을 좋아하는 그 마음이 평생 계속되기를 바랄 따름이다. 독서가 너희의 주된 '습관'이라서 나는 너무 기쁘고 그 습관이 평생 이어졌으면 한다.

독서를 그렇게 좋아하는 너희를 위해 책을 쓰는 일이 전보다 훨씬 더 가치 있게 느껴지기도 한다. 내가 너희에게 전하는 교훈과 가르침을 가슴 깊이 새겨두기를 바라는 마음이다. 그리고 내가 너희를 얼마나 사랑하는지도 알아줬으면 한다. 이보다 더 좋을 수는 없다 싶을 정도로 너희는 정말로 내게 최고의 삶을 선사해줬다.

해피와 비, 그리고 짐 로저스

아기 비와 짐 로저스, 그리고 해피

짐 로저스와 그의 아내 페이지 파커, 그리고 두 딸과 함께

해피와 비, Rocky Mount Zoo

해피와 비, Cluny Park-Singapore

짐 로저스 가족

비의 10번째 생일

1

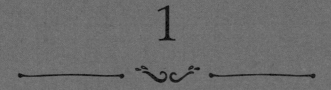

학창
시절

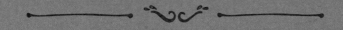

A Gift to My Children

아주 늦은 나이에 부모가 돼서인지
아이들과 함께하는 모든 순간이 내게 너무 소중하다.
그래서 그 순간을 하나도 놓치고 싶지 않다.
가능한 한 아이들과 많은 시간을
함께하고 싶은 마음뿐이다.

남과 다름을 받아들여라

인생을 살다 보면 항상 자신과 어울리는 세상에서만 살 수는 없는 법이다. 너희는 이것을 이미 경험했다. 유치원과 초등학교를 거쳐 줄곧 난양에 있는 명문 국공립학교를 다녔는데 그때 파란 눈에 금발인 학생은 너희밖에 없었다.

저학년이었을 때는 너희가 학교에서 유일한 서양인이라는 사실이 크게 문제되지 않는 듯했다. 해피, 너는 네가 다니던 초등학교에서 최초의 서양인 반장이자 학생회 임원이었다. 뛰어난 실력 덕분에 학교의 스타였고 아무도 네가 다른 사람과 다르게 생겼다는 점을 크게 신경 쓰지 않는 듯했다. 그러나 중등학교 2학년에 올라

가면서 상황이 달라졌다.

2학년 신학기가 시작되기 전날에 너는 울고 있었다. 너는 모두가 뒤에서 쑤군대며 네 험담을 한다면서 학교에 가고 싶지 않다고 했다. 그 말을 듣는 순간 나는 가슴이 찢어지는 것 같았다. 남다른 성장 배경과 생활 경험을 지닌 너희를 데리고 서양과 생판 다른 아시아로 와서, 동양인과 판이한 외모 때문에 눈에 띌 수밖에 없는 현지 학교에 보낸 것이 과연 잘한 결정인지 자꾸 되돌아보면서 머리가 너무나 혼란스러웠다. 내가 끔찍한 실수를 저지른 것은 아닐까 너무 불안했다.

그래서 미국에 있는 친구 몇몇에게 전화를 걸어 우리 학창 시절에 관한 이야기를 나눴다. 그때는 학교에서 유색 인종 학생들을 막 받아들이기 시작하던 시절이었고 일부 학교에는 흑인 학생이 몇 명 되지 않아서 손가락으로 꼽을 정도였다. 그 몇 안 되는 흑인 학생 중 한 명이 내 친구였다. 그 친구는 명문 사립 기숙학교에 들어갔고 이어 예일 대학과 하버드 법과 대학에 진학했다. 결국에는 크게 성공했지만, 흑인 학생으로서 미국 상류층 자제들이 주로 다니는 동부의 기숙학교를 다니는 일이 너무 힘들었고 대다수 백인 학생들 사이에서 버텨내기 쉽지 않았다고 털어놓았다.

이 친구와 이야기를 하고 나니 너무 불안하고 괴로웠다. 싱가포르로 온 일이 생각할수록 잘못한 일인 것만 같았다. 초등학교 때는 그렇게 잘나가던 해피가 예전과 달리 이제는 학교의 스타가 아니라는 사실이 괴로웠고 더는 학교에 가고 싶지 않다는 말이 내 가슴을 후벼 파는 듯했다. 1학년 때 해피는 전교에서 자신이 유일한 서양인이었기 때문에 사람들이 다 알아보고 자신에 관한 이야기를 했지만 그것이 큰 문제는 아니었다고 했다. 개중에는 아버지인 나 때문에 해피를 알아보는 사람도 있었다고 했다. 딸아이의 친구 중 일부는 아버지인 내가 유명인이라고 생각하는 것 같았지만, 딸아이는 그렇게 생각하지 않기를 바랐다. 유명인의 자식으로 살아봐야 여러 가지 문제만 생길 뿐 별로 득 될 일이 없기 때문이다.

나는 걱정이 이만저만이 아니었으나 해피 너는 다음 날 학교에 갔고 그 이후로는 학교에 가고 싶지 않다는 말을 다시는 하지 않았다. 그리고 학교 성적 외에도 다른 측면의 능력을 보여주면서 그해

또다시 학교의 스타가 됐다.

이 일이 있은 후 나는 계속 걱정이 되어 학교생활이 어땠는지 매일 물었다. 그러나 다른 학생과 다름에도 네가 일취월장하는 모습을 보니 더는 그런 걱정을 하지 않아도 되지 싶었다.

학교 폭력 문제

약한 학생을 따돌리고 괴롭히는 이른바 '왕따' 문제가 미국 사회에서도 큰 문제가 됐다. 이 때문에 나도 너희에게 학교에 그런 문제가 없는지 항상 물어본다. 비, 너는 학교에 저런 애가 한두 명 정도 있는데 너를 괴롭히거나 하지는 않는다고 했다. 그 말은 네 학교에는 한 학년 학생 300~400명 중에 폭력을 저지르는 학생이 한둘 정도라는 얘기다.

너희가 괴롭힘을 당하거나 다른 학생이 당하는 장면을 보면 그냥 지나치지 말고 꼭 알려야 한다고 말하고 싶다. 그렇게 알려야 괴롭힘당하는 사람한테도 도움이 되고 결국은 괴롭히는 학생한테도 그것이 좋은 일이다. 그렇게 하면 괴롭힘을 당하던 학생은 더는 가해 학생을 마주하지 않아도 되고 위협적인 악랄한 행동을 더는 참고 견디지 않아도 된다. 그리고 남을 괴롭힌 학생은 그에 상응하는 대가를 치르게 된다.

학교에서 괴롭힘을 당하다가 자살을 하거나 어떤 식으로든 자신을 해한 학생들이 한둘이 아니다. 그래서 너희 학교에서 누군가 다른 학생을 괴롭히는 것을 보면 꼭 알리라고 말하고 싶다. 그것이 너희의 의무다. 나는 너희가 괴롭힘을 목격했을 때 용기 있게 나서서 알릴 줄 아는 강인함과 도덕성을 갖춘 그런 사람이기를 바란다. 물론 그렇게 하면 고자질쟁이라는 손가락질을 받을지도 모른다. 그러나 그런 손가락질을 받는다 해도 나는 아무렇지도 않다. 너희도 그런 부분은 신경 쓰지 말아야 한다. 약자를 괴롭히는 일은 괴롭히는 당사자를 포함해 모두에게 해가 되는 일이다.

못된 학생이 약자를 괴롭히는데도 다들 움츠러들기만 하면 아무것도 달라지지 않는다. 또 그 가해자를 포함해 우리 모두가 그 사건에서 아무것도 배우지 못한다. 그렇다고 학교 폭력 가해자를 쫓

아내는 일만이 능사는 아니다. 가해자가 퇴학을 당하면 남은 학생들은 속이 후련할지 몰라도 문제는 그대로 남는다. 그 가해 학생은 문제를 그대로 안은 채 다른 학교에 가서도 똑같은 행동을 반복할 테니 말이다.

가해자는 상담 치료를 받게 해야 한다. 그렇게 해서 자신의 행동이 어떤 결과를 낳는지 스스로 깨닫게 해야 하고 그와 동시에 어떤 것이 이들 마음속의 공격성을 자극하는지 찾아 문제를 해결하는 쪽이 훨씬 이롭다. 학교 폭력을 저지르는 아이는 가정 문제나 정서적 불안감 때문에 그런 행동을 할 수도 있으므로 누군가 옆에서 편을 들어주고 대화도 해주면 도움이 된다.

아주 오래전 내가 어렸을 때는 왕따라는 것이 없었지 싶다. 물론 그때도 약한 아이들을 괴롭히는 일은 있었을 테지만, 내가 사는 곳은 워낙 작은 마을이라서 크게 눈에 띄는 사건이 없었다고 생각한다. 그렇지만 만약에 누군가 약한 학생을 괴롭히는 일이 내 눈에 띄었다면 나는 주저하지 않고 주변에 알렸을 것이다. 너희도 그렇게 해야 한다. 그것만이 그 못된 짓을 하는 가해자를 이기는 길이다.

시험 잘 보는 방법

너희가 난양 초등학교에 입학했을 때 선생님이 시험 잘 보는 방법을 알려주셨다.

선생님의 조언을 요약하자면 첫째, 문제를 잘 읽고 그 뜻을 확실히 이해하라는 것이고 둘째, 자신이 생각한 답을 한 번 더 검토하라는 것이다.

누구나 다 아는 내용 아닌가 싶어서 선생님의 이 조언이 크게 와 닿지는 않았다. 그러나 내 생각이 틀렸다. 해피 너는 자주 실수를 했고 비 너도 마찬가지였지. 문제를 제대로 이해하지 못했고 답을 다시 검토하지 않기 때문에 그런 실수를 했다.

너희 둘 다 문제를 더 꼼꼼하게 읽고 그 뜻을 제대로 이해했더라면 더 좋은 결과를 얻었으리라고 본다. 쓴 답을 다시 살펴보는 것도 마찬가지다. 써놓은 답을 다시 읽기만 했어도 실수한 부분을 찾아냈을 것이다.

그래서 지금은 그때 선생님이 해주신 말씀을 다시 반복하련다. 먼저 문제를 잘 읽고 그 뜻을 확실히 이해한 다음에 쓴 답을 다시 확인하라! 선생님이 해주신 말씀이 정답이었다.

3개 국어 말하기

너희 둘 다 영어와 중국어를 완벽하게 구사한다. 해피 너는 싱가포르에서 열린 '표준 중국어 말하기 대회'에서 상까지 탔다. 비 너는 스페인어도 배우고 있다. 물론 영어나 중국어만큼 유창하지는 않지만, 그래도 참 잘하고 있다.

해피 너도 스페인어를 배우기 시작했다가 중간에 그만뒀다. 그런데 얼마 전에 네가 이런 말을 했다.

"스페인어를 그냥 계속 할걸 그랬어."

그러나 네가 스페인어를 배울 당시에는 숙제가 너무 많아서 도저히 스페인어까지 할 수가 없었다. 그래서 어쩔 수 없이 그만둔 것이다. 그런데 지금에 와서 중간에 그만둔 것을 후회하면서 다시 도전하고 싶어 한다. 그렇다면, 나는 적극적으로 응원하련다. 한번 열심히 해보거라!

내 생각에는 말이다, 너희가 영어와 중국어에다 스페인어까지 하면 전 세계 어디든 편하게 갈 수 있다. 3개 국어를 구사하는 일은 앞으로의 멋진 삶을 위한 훌륭한 도구이자 바람직한 준비라고 생각한다.

기숙학교 진학 문제

너희는 영국에 있는 기숙학교에 들어가고 싶어 한다. 내 친구 중에 기숙학교에 들어간 친구가 꽤 많은데 기숙학교 생활이 참 좋았다는 친구도 있고 별로였다는 친구도 있다.

이곳보다 기숙학교가 아무래도 십 대들의 교육과 성장에 더 적합할지 모른다. 오랜 기간 십 대들과 함께하며 축적된 경험이 있기 때문에 인생의 중요한 시기인 십 대 시절에 겪을지 모를 수많은 문제와 위험 상황을 아주 잘 알고 있으리라 생각한다. 이처럼 기숙학교는 장점이 아주 많기 때문에 진학을 생각해보는 것은 어쩌면 당연하고도 합리적인 고민일지 모른다.

요즘 아시아에는 돈 많은 사람이 아주 많다. 그리고 부유한 중국인 중에는 서구의 방식을 그대로 따르려는 사람도 꽤 있다. 그래서 아이들을 기숙학교에 보내는 것이 가장 좋은 교육 방식이라고 생각하고 기숙학교는 영국이 최고라며 선호하는 중국 가정이 많다. 그런가 하면 이런 생각에 반대하면서 자신의 자녀들은 절대로 외국으로 보내지 않겠다는 집도 있다. 굳이 따지자면 나는 후자 쪽이다.

아주 늦은 나이에 부모가 돼서인지 아이들과 함께하는 모든 순간이 내게 너무 소중하다. 그래서 그 순간을 하나도 놓치고 싶지 않다. 가능한 한 아이들과 많은 시간을 함께하고 싶은 마음뿐이다. 자식이 스스로 선택한 곳에 가서 실수도 하고 그 실수를 통해 잘못된 부분을 고치려고 노력하는 모습을 묵묵히 지켜보며 응원하는 것도 부모가 해야 할 일일지 모른다. 그러나 나는 너희를 내 곁에 두고 너희에게 무슨 일이 일어나는지 직접 지켜보고 싶다. 그래서 너희 둘 다 내 곁에 있어줬으면 한다.

2

절대로
하지 말아야
할 일

A Gift to My Children

먹는 것을 두려워하지 마라.
건강하게 먹어라.
잘 먹고 몸무게에 너무 신경 쓰지 마라.
사이즈가 0이든 10이든 관계없이 너희는 충분히 아름답고
앞으로도 항상 아름다울 테니까.

먹는 것을 두려워하지 말라

십 대가 되면 수많은 것이 너희 삶에 영향을 미친다. 주변 친구들이 온갖 문제와 씨름하며 괴로워하고 여러 가지 도전 상황에 맞닥뜨리는 장면도 보게 된다. 학교생활의 스트레스를 감당하지 못하겠다는 아이도 있을 테고 학업 성적이 나빠 고민하거나 가정 문제 때문에 괴로워하는 아이도 있을 것이다. 너희는 외모나 옷차림에 관심이 점점 더 많아질 테고, 이렇게 다른 사람 눈에 어떻게 비칠지에 관심이 많아지다 보니 먹는 문제로 고민하다가 거식증(拒食症)이나 과식증(過食症) 같은 섭식 장애로 고생하는 친구들도 주변에 생길 것이다.

너희 학교 친구 중 한 명은 과식증으로 고생하고 또 한 명은 거식중으로 입원까지 했다는 소리를 들었다. 거식증에 걸린 친구는 열세 살인데 음식을 통 먹지를 못해서 결국 병원 신세를 지게 됐다. 일전에 해피 네가 그 친구 병문안을 가자고 했는데 다녀오길 참 잘했다 싶었다. 우리가 병원에 찾아갈 때까지 아무도 그 친구 병문안을 오지 않았다니 말이다.

거식증과 과식증은 약으로는 치료가 잘 되지 않는데다 일종의 정신적 질환이라서 아주 골치 아픈 질병이다. 해피 너는 아직까지는 괜찮은 것 같고 비는 아직 아홉 살밖에 안 된 어린아이라 섭식 장애 같은 병은 걱정하지 않았다. 그러나 우리도 섭식 장애가 뭔지 알아야 하고 모두 조심해야 한다. 그래도 다행히 학교에서 친구들과 같이 생활하다 보니 친구의 식생활에 변화가 생기면 금방 알아챌 수 있다. 해피 네가 거식증에 걸린 그 친구를 알아봤듯이 말이다. 너는 그 친구가 하루에 사과 한 개밖에 안 먹고 게다가 그것도 아주 천천히 먹는다는 사실을 알게 됐다. 그 사실을 네가 선생님에게 말을 했는지 안 했는지는 모르겠다만 어떤 선생님이 그 사실을 알게 됐고 그래서 지금 그 친구가 입원을 하게 된 것이다.

그러니까 앞으로도 네 친구들을 잘 살펴보고 너 자신에게도 더 신경 써라. 그리고 부모인 우리도 너희를 잘 지켜봐야 할 것이다. 섭식 장애는 누구든 걸릴 수 있으니 너희든 친구들이든 경계심을 갖고 항상 조심해야 한다. 그리고 얘들아, 먹는 것을 두려워하지 마라. 건강하게 먹어라. 잘 먹고 몸무게에 너무 신경 쓰지 마라. 사이즈가 0이든 10이든 관계없이 너희는 충분히 아름답고 앞으로도 항상 아름다울 테니까.

문신에 관해

요즘은 문신이 엄청나게 유행하는가 보다. 영화배우와 유명인이 문신을 많이들 하고 다닌다. 거리를 지날 때도 문신한 사람들이 눈에 많이 띈다. 어디를 가든 문신한 사람이 항상 있다. 얘들아, 너희는 문신을 하지 마라. 단 한 개라도 안 된다. 문신을 하면 멋져 보일 수는 있지만, 문제는 한번 하면 그 문신이 평생 간다는 사실이다. 몸에 새긴 그 문신을 영원히 좋아할 것 같아도 사실은 그렇지 않다. 내가 장담하는데 인생을 살다 보면 아주 많은 부분에서 마음이 수십 번도 더 바뀐다. 마흔네 살에 찰스라는 사람과 결혼하게 됐는데 몸에 '밥'이라는 남자 이름이라든가 이제는 흉해 보이거나 혹은 보기 싫은 문신이 떡하니 새겨져 있으면 얼마나 끔찍할지 한 번 생각해봐라.

최근에 의사인 내 친구 케빈 추아와 문신에 관한 이야기를 했다. 그런데 이 친구 말이 요즘에는 문신을 지우려고 찾아오는 환자가 줄을 잇는다고 했다. 개중에는 시술소에서 문신을 새겨 넣은 다음 문득 제정신이 들면서 자신이 큰 실수를 했다는 사실을 깨닫고 곧장 병원을 찾는 사람도 있다고 한다. 문신 제거 시술을 받으려는 환자가 너무 많아서 요즘에는 하루 온종일 그 시술만 해야 하는 상황이라고 했다. 그리고 문신을 지우는 작업이 간단하지가 않다. 한 번에 다 지워지지 않기 때문에 몇 주간 혹은 몇 달에 걸쳐 여러 번 병원에 와야 하는데다 지울 때 너무 아프고 돈도 많이 든다.

지금까지 살아오면서 절대로 마음이 바뀌지 않는 그런 상황이란 존재하지 않는다는 것을 알았다. 살다 보면 마음을 바꿔야 하는, 혹은 마음이 바뀌는 상황이 있다. 물론 절대로 마음이 변할 리 없다고 느껴지는 것들이 많이 있다. 자신이 선택한 배우자라든가 학교 혹은 직장처럼 지금의 생각이 절대 변하지 않을 듯한 것들 말

이다. 누구나 사랑에 빠지고 그 상대와 결혼할 때는 남은 인생을
그 사람과 평생 함께하겠다고 맹세하지만, 정말로 그렇게 하는 사
람은 극소수다. 너희가 선택하는 직업이나 직장도 마찬가지다. 책
이나 영화에 대한 생각도 살아가는 동안 계속 바뀌고, 한때 꼭 해야
한다고 생각했던 문신에 대한 느낌도 시간이 지나면 달라질 수밖
에 없다. 그래도 굳이 문신이 하고 싶으면 가짜 문신을 해라. 그러
면 나중에 마음이 변해서 문신을 지우고 싶을 때 편하게 떼어버리
거나 지워버릴 수 있으니 안심이지 않을까.

인생을 멀리 그리고
길게 내다봐라

자살률이 증가하는 듯하다. 특히 십 대의 자살률이 높아지는 추세다. 이십 대 젊은이들도 그 어느 때보다 자살을 많이 한다는 내용을 읽은 적이 있다. 학업이나 삶이 주는 압박감이 원인이 아닐까 싶다. 어쩌면 기대를 충족시키지 못할 것 같은 두려움 혹은 소셜 미디어가 중심이 되어가는 환경에서 점점 고립되어가는 자신을 견디지 못한 것이 원인일지도 모른다. 실망이나 좌절 혹은 절망이 문제였을지도 모른다. 이유야 어찌됐든 (두말할 필요도 없이 너무도 자명한 사실이지만) 자살은 돌아올 수 없는 강을 건너는 것과 마찬가지다. 자살 결정은 절대로 돌이킬 수 없다.

자살에 관한 이야기를 듣거나 읽을 때마다 마음이 너무 울적해진다. 그 사람이 몇 달, 아니 몇 년만 참고 기다렸다면 상황 또는 생각이 달라졌으리라는 사실을 나는 너무 잘 알기 때문이다. 인생을 살다 보면 변화는 피할 수 없는 부분이고 아무리 우울하고 상황이 나빠도 그 순간만 참고 견디면 상황은 변하게 돼 있다.

프린스턴 대학을 졸업하고 하버드 경영대학원에 진학한 스물여섯 젊은이에 대한 이야기를 들었다. 석사 과정 마지막 학기에 자신이 학위를 받지 못하게 됐다는 말을 들었다. 그러자 이 청년은 더는 생각할 여지도 없이 스스로 목숨을 끊고 말았다. 학위만 바라보고 열심히 공부했을 당시에는 그 소식이 청천벽력과도 같았을 테고 돌이킬 수 없는 큰 실패로 느껴졌을지 모른다. 그러나 10년 혹은 20년을 내다보며 생각한다면 학위를 받지 못하는 것쯤 그리 대단한 일이 아니었을 것이다. 청년은 이미 명문인 프린스턴 대학을 졸업했을 정도로 똑똑한 학생이었으니 앞으로 성공할 기회는 수도 없이 많았을 것이다. 그러나 안타깝게도 너무 빨리 포기했기 때문에 이 청년은 자신이 진정한 승자라는 사실을 증명할 기회를 스스로 날려버린 셈이다.

아내가 자신을 떠났다는 사실을 비관해 곧바로 자살을 택한 남자 이야기도 나로서는 참으로 안타까울 따름이다. 사랑하는 사람을 잃은 고통이 너무 컸겠지만, 그래도 참고 조금만 더 기다렸다면 떠난 아내 말고도 깊은 사랑을 나눌 여성을 또 만나게 된다는 사실을 깨달았을 것이다. 사랑의 상처가 아무리 깊어도, 또 비참한 기분이 아무리 차올라도 일단 그것을 극복하고 나면 기쁨이 찾아온다. 절망이 깊었다면 극복해낸 절망의 깊이, 딱 그만큼의 기쁨을 앞으로 맛보게 된다. 그러니 너희는 고통이든 괴로움이든 피하지 말고 당당히 맞고 겪어라. 일단 극복하고 나면 상상했던 것보다 훨씬 더 높이 날아오를 수 있으니까 말이다.

첫 번째 아내와 헤어졌을 때가 생각난다. 그때는 너무 힘들었고 끔찍하게 고통스러웠다. 아내를 잊는 데 시간이 아주 많이 걸렸다. 그러다 얼마 전에 헤어진 아내를 우연히 마주쳤는데 그때 나는 더할 나위 없는 행복감이 느껴졌다. 놀랍게도 우리가 헤어지길 정말 잘했다는 생각에 크게 안도하기까지 했다. 전처를 바라보면서, 헤어지지 않고 지금까지 결혼 생활을 유지했더라면 내 인생은 악몽과도 같았으리라는 생각이 새삼 들었다. 내가 전처를 정말로 좋아하지는 않았거나, 아니면 전처가 그다지 재미있는 사람은 아니라는 사실을 새삼스레 깨달았던 것인지도 모른다. 전처는 똑똑하지도, 재미있지도, 매력적이지도 않았다. 우리 두 사람이 서로 도움이 되면서 오래도록 행복한 관계를 만들어갈 토대가 전혀 없었는데도 둘이 헤어졌을 그 당시에는 너무 비참했고 하늘이 무너진 듯 절망스러웠다. 그 고통에 못 이겨 자살을 했을지도 모른다. 그러나 다행히 나는 그 고통이 잦아들기를 기다렸고 덕분에 지금은 내가 정말 좋아하는 아름답고 멋진 여성을 만나 결혼까지 했다. 고뇌의 순간을 넘기지 못하고 섣불리 자살을 택한 젊은이들 앞에 어떤 눈부신 미래가 펼쳐질지 누가 알겠는가! 그저 지금까지 좀 더 참고 기다렸다면 좋았으련만.

19세기 때 사람인 내 증조할아버지(그러니까 너희에게는 고조할아버지가 되겠지)는 기계공이었다. 그때 기계공은 지금으로 따지면 전문 기술자쯤 되겠다. 증조부는 도구를 발명해 두 번이나 특허를 받았을 정도로 아주 뛰어난 기술자였다. 기계를 다뤘던 증조부는 산업혁명이 일어난 그 시기에는 아주 펄펄 날아다녔다. 그렇게 잘나가던 차에 팔에 염증이 생기고 말았다. 치료를 받으려면 고향인 오클라호마를 떠나 캔자스시티까지 가야 했다. 멀리까지 가는 경비와 치료비가 만만치 않은데다 치료를 해봐야 팔을 절단해야 할 터였다. 그렇게 되면 예전에 두 팔로 하던 일을 한 팔로 계속해야 하는 상황인데다 모아둔 돈도 별로 없었다. 그래서 완전히 낙담했다. 증조부는 결국 삶을 포기하고 아내와 어린 세 자녀를 남겨둔 채 현관 베란다에서 권총 자살로 생을 마감했다.

멀리까지 가는 경비와 치료비도 부담스럽고 장애를 안은 채 일을 계속하기도 어려우니 차라리 자살을 택하는 쪽이 모두에게 득이 되리라 생각했을지 모른다. 증조할머니는 허망하게 남편을 잃고도 이에 굴하지 않고 직업 전선에 뛰어들어 홀로 세 아이를 키웠다. 큰아들은 변호사로 크게 성공했고 작은 아들은 의사가 됐으며 딸은 당시 여성이 누릴 수 있는 최고의 직업인 교사가 됐다. 그러니까 세 아이 모두 대학에 진학했고 사회적으로 인정받는 분야에서 성공한 직업인으로서 성취감을 느끼며 성공적인 삶을 누렸다.

당시 사람들은 증조부가 자살을 택한 일은 가족의 고통을 덜어주려는 생각에서 나온 고귀한 희생이었다고 말하지만, 나는 증조부가 그런 선택을 하지 않았으면 좋았으리라고 생각한다. 그때 그 자리에 내가 있었다면, 시간이 지나면 모든 일이 달라지고 결국에는 다 잘 풀릴 테니 제발 그러지 마시라고 말했을 것이다. 어쩌면 팔을 절단하지 않았을지도 모르고, 그럼 특허 받을 만한 훌륭한 발명품을 더 많이 만들어냈을지도 모를 일이다. 아이들이 성장하는 모습을 지켜볼 수 있었을 것이고 어른이 되어 많은 것을 성취하며 성공적으로 살아가는 모습도 두 눈으로 확인하며 흐뭇해했을 것이다.

그러니 애들아, 낙심하고 더는 살아갈 수 없다는 생각이 들더라도 굴하지 말고 계속 살아야 한다. 아무리 나쁜 것도 다 지나가게 마련이고 모든 것은 변한다는 사실을, 그리고 너희는 길고 긴 인생의 길 위에 서 있다는 사실을 꼭 기억해라. 이보다 더 나쁠 수 없을 정도로 최악이라는 생각이 들고 정말로 절망스러운 상태라면 어떻게 해야 할까. 탈출구가 필요하다 싶으면 오토바이를 타고 라스베

이거스로 가라. 카지노에 취직해 주방에서 접시라도 닦아라. 힘든 일이 지나가고 모든 일이 변하는 순간이 올 때까지 기다리면서 열심히 접시를 닦다 보면 언젠가 그 카지노의 주인이 되어 있을지 모른다. 너희가 일찍 세상을 떠나는 것을 지켜보느니 차라리 문신을 하라고 하겠다. 얘들아, 자살은 절대 안 된다!

3

성공적인
인생

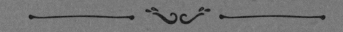

A Gift to My Children

진정한 성공이란 어디에서 무엇을 하든
그때그때 성공적인 삶을 사는 데 필요한 기술을
계속해서 습득해나가는 것이다.
인생길은 대학 생활을 포함한 학창 시절을 넘어
더 먼 미래를 향해 뻗어 있다.

다시 해봐

다시 해봐

-파머(T. H. Palmer)

이 교훈을 마음에 꼭 새겨둬야 해

처음에 성공하지 못하면 다시 해봐

용기를 내야 해

참고 견디며 계속하면

결국은 이기게 돼, 절대로 두려워 말고

다시 해봐

한두 번 실패하더라도
계속 시도하면 결국은 승리할 테니
다시 해봐

계속 노력하는 건 부끄러운 일이 아냐
이기지 못하면 또 어때
그냥 계속 해봐

일이 너무 어렵게 느껴져도
노력한 시간은 너를 배신하지 않아
다시 해봐

다른 사람이 할 수 있는 일이면
너라고 왜 못하겠어?

이 한 가지만 기억해

'다시 해봐'

실패의 목적은 너희를 성공에 이르게 하려는 것이다. 나는 이 말을 하고 싶은 것이다. 인생에서 성공한 사람은 실패에 굴하지 않은 사람들이다. 실패를 두려워하는 사람은 성공하기 어렵다. 실패를 두려워하면 시도 자체를 해보지 않기 때문이다.

새로운 일을 해보는 것을 두려워하지 마라. 우리 집 벽에는 '다시 해봐'라는 제목의 시가 걸려 있다. 이 시를 쓴 사람이 미국의 유명한 시인인지 아닌지 그건 잘 모르지만, 우리는 그동안 이 시를 적어도 백 번은 읽었다. 나는 너희에게 뭔가 해보는 것을 두려워하지 말라고 계속 강조해왔다.

무언가를 하다 실패하면 거기에서 교훈을 얻고, 포기하지 않는 불굴의 정신도 배운다. 정말 아름다운데 성공하지 못하는 사람이 있다. 똑똑한데 성공하지 못하기도 한다. 재능이 뛰어난데도 성공하지 못하는 사람도 있다. 학벌이 좋은데 성공하지 못한 사람도 있다. 무릇 끈기 있는 사람이 성공한다. 성공하는 사람은 끝까지 버틴다. 이런 사람들은 아무리 실패를 거듭해도 절대로 포기하지 않는다. 성공한 '빌'은 '조'나 '샐리'만큼 똑똑하지는 않을지 몰라도 조나 샐리가 포기할 때 끝까지 견디며 포기하지 않았다. '인내'야말로 너희가 평생 가슴에 새겨야 할 인생의 중요한 덕목이다. 절대로 포기하지 말고 절대로 실패에 굴하지 마라.

여러 기관에서 강연을 하곤 하는데 그럴 때면 모든 것을 잃었던 내 젊은 시절의 실패담을 들려준다. 일을 시작하고 초창기에는 아주 잘나갔다. 다른 사람은 거의 다 파산할 때 나는 단 5개월 만에 투자금을 세 배로 불렸다. 그래서 나는 '돈 벌기가 얼마나 쉬운데'라며 의기양양해했다. 이러다 제2의 버나드 바루크(Bernard Baruch, 대통령 고문을 지낸 미국의 유명 금융인이자 재정 전문가-옮긴이)가 되겠구나 싶었다. 내가 거둔 큰 성공에 한껏 도취한 나머지 이번에도 내가 예상한 시장 흐름이 나타날 때까지 기다렸다. 그런데 2개월 후에 투자금을 다 잃고 빈털터리가 되고 말았다. 모든 것을 완전히 다 잃었다. 여기서 얻은 첫 번째 교훈은 스스로 생각하는 만큼 우리 자신이 그렇게 똑똑하지 않다는 사실이다. 이 교훈은 나뿐 아니라 모두가 마음에 새겨야 할 중요한 사실이다.

어쩌다 그렇게 됐는지 궁금할 것이다. 그때 나는 가격 하락을 예상하며 여섯 종목의 주식을 공매도(가격 하락을 기대하고 실물 없이 주식을 빌려서 매도해 시세 차익을 노리는 매매 행위-옮긴이) 했는데 2년 만에 거덜이 나버렸다. 시장 가격이 천정부지로 급상승하자 모두가 달려들어 상승세에 기름을 부었다. 이것은 내가 전혀 모르던 시장 움직임이었고 사람들이 이렇게나 어리석고 또 비이성적으로 행동할 수도 있구나 싶었다.

이 경험을 통해 나 자신에 대해 많이 알았고 그동안 몰랐던 시장에 대해서도 많이 알게 됐다. 또 절대로 포기할 수 없다는 사실도 새삼 깨닫게 됐다. 모든 것을 잃었기 때문에 계속 나아가는 길 외에 다른 선택의 여지가 없었다. 다음 날 눈을 뜨자마자 모든 것을 다시 시작하기로 했다. 그리고 끝까지 버텨냈다.

나는 사람들에게 실패를 걱정하지 말라고 말한다. 실패하지 않으면 아무것도 성취하지 못한다. 모든 것을 다 잃는다 해도 그것은 중요하지 않다. 성공했다는 사람들 대다수가 적어도 한 번은 모든 것을 잃었던 경험이 있다. 한 번이 아니라 두 번이나 그런 경험을 한 사람도 물론 있다. 그러니 너희도 한두 번쯤은 모든 것을 잃어 봐도 된다. 그러나 되도록 한 살이라도 젊을 때 잃어보는 것이 좋겠지! 66세에 실패를 경험하느니 26세에 실패하는 것이 훨씬 낫지 않겠느냐?

은행업계에는 악성(불량) 대출(bad loan, 대출금 회수가 불가능한 대출-옮긴이)을 해준 기록이 전혀 없는 대출 담당자가 간혹 있다. 언뜻 보면 일을 참 잘한다 싶겠지만, 실상은 그렇지 않다. 이 대출 담당자는 불량이든 우량이든 간에 대출 자체를 전혀 하지 않았기 때문에 악성 대출 기록이 없는 것이다! 회수 불능 사태가 올까 두려워 어떤 시도도 하지 않았다. 인생에서 실패는 매우 중요하고 인내는 필수라는 사실을 너희가 알았으면 한다.

삶에 대한 통제와 자제력

인생에서는 뭐든 훈련이 중요하고 자제하는 능력이 필요하다. 후회 없는 인생을 살려면 야망을 품는 것도 중요하지만, 제시간에 출근하는 간단한 일부터 훈련을 통해 배워야 한다. 술을 마시거나 남자애들 꽁무니를 쫓아다니거나 게으름을 피우거나 하다 못해 숙제를 하지 않는 것도 다 자제하는 훈련이 부족해서다. 강인함도 필요하고 자신감도 필요하며 자신이 무엇을 해야 하는지도 알아야 한다. 다들 해변으로 놀러 가는데 너희는 숙제를 해야 하는 상황이라면 분위기에 휩쓸리지 않고 제 할 일은 꼭 해내는 용기가 필요하다. 어떤 상황에서든 자기 자신에게 충실할 수 있는 강인함과 자신감을 갖춰야 한다.

주변의 온갖 유혹을 물리칠 수 있는 자제력이 필요하다. 한 살 한 살 나이를 먹을수록 술도 보이고 마약도 눈에 들어온다. 주변에 술을 마시고 마약을 하는 친구들도 하나둘 나타난다. 그래도 정신을 똑바로 차려 분별력 있게 행동하고 절대로 자제력을 잃지 마라. 술이나 마약이 있어야만 즐거운 시간을 보내는 것은 아니다. 너희 엄마와 나는 술을 진탕 마시지 않고도 충분히 즐겁고 재미있었다. 밖에 나가 놀 때면 술 한두 잔쯤은 마시고 싶겠지. 그 정도는 괜찮다. 그러나 자신의 주량을 알고 절대 그 이상은 마시지 말아야 한다. 아무리 더 마시고 싶고 마약도 한번 해보고 싶더라도 절대 선을 넘어서는 안 된다. 강하게 자신을 다스리는 훈련이 필요하다.

그리고 음주운전은 절대 안 된다. 절대로 하지 마라. 너희도 하면 안 되고 다른 사람이 하도록 내버려둬서도 안 된다. 어떤 상황에서든 술을 많이 마신 사람이 운전을 하면 절대로 그 차에 타지 마라. 음주운전이 걱정되는 상황에서 오도 가도 못하고 집에 못 올까 봐 걱정이 되면 나한테 전화해라. 아니면 엄마한테, 그것도 여의치 않으면 친구에게 연락해라. 정 안 되면 경찰을 불러라. 어쨌거나 혈중 알코올 농도가 규제치 미만인 사람에게 연락해서 도움을 청하고 술 취한 사람의 차는 절대로 타지 마라.

나는 내 어여쁜 대녀(代女) 그레이스를 음주운전 사고로 잃었다. 그레이스는 친구들 몇몇이랑 옥스퍼드 파티에 갔었는데 그중에 새 차를 뽑은 지 얼마 안 된 친구가 있었다. 집에 올 시간이 됐을 때 새 차를 몰고 온 그 친구가 다른 친구들을 다 집에 데려다주겠다고 했다. 그런데 그 친구는 이미 음주운전 규제치를 넘은 상태였다. 그레이스는 그 친구에게 운전을 하지 말라고 했고 자신은 술을 한잔밖에 안 마셨으니 대신 운전을 해주겠다고 했는데 그 친구는 다른 사람에게 새 차를 맡기지 못하겠다며 고집을 부렸다고 했다. 어쩔 수 없이 그레이스는 다른 친구 두 명과 함께 그 차에 탔다. 고집을 부려 술 취한 상태로 운전하던 그 친구는 결국 통제력을 잃고 사고를 내고야 말았다. 정작 사고를 낸 그 친구는 부딪혀서 생긴 혹 몇 개와 가벼운 찰과상 외에 큰 부상 없이 살아남았고 뒷좌석에 탔던 남학생은 목숨은 건졌으나 전신이 마비되는 중상을 입었다. 그러나 그레이스에게는 그나마의 행운도 빗겨갔다. 그레이스는 그 사고로 목숨을 잃었다. 그레이스는 상냥한데다 순수한 영혼의 소유자로서 이 세상에 남아 할 일도 많았고 살아가야 할 의미와 이유가 충분했던 아까운 사람이었다. 그러나 친구의 무책임한 행동이 그레이스의 생명을 앗아갔다. 애석하게도 그레이스는 다시 우리 품으로 돌아올 수 없지만, 우리는 이 끔찍한 사고에서 뼈 아픈 교훈을 얻었으며 다시 한 번 음주운전의 위험성에 대해 경각심을 갖는 계기가 됐다. 다른 사람들에게 교훈을 줬다는 점에서 가치가 있는 일이기는 하고 또 음주운전자는 구속됐지만, 피해자에게 그것이 무슨 의미가 있겠는가!

밖에 놀러 나갔을 때는 마음껏 즐기되 도를 넘지 않도록 자제심을 키워라. 너희나 친구들 모두 딱 마실 수 있는 만큼만 마시고 도를 넘지 않게 절제하는 훈련을 해라.

또 일과 관련된 부분에서도 자제력이 필요하다. 너희 둘 다 십대 시절에 아르바이트를 했으면 한다. 꼭 돈이 필요해서라기보다 일을 하면서 인생에 대해 많이 배우기 때문이다. 정시에 출근해야 하고, 윗사람이 지시하는 대로 해야 하고, 별로 똑똑하지도 합리적이지도 않은 상사와도 일해야 한다는 점을 배우게 된다. 정말 함께하기 싫은 끔찍한 동료나 고객을 상대해야 할지도 모른다. 그것이 인생이고, 그렇게 세상이 돌아간다.

해피 너는 벌써 중국어 과외 수업을 해달라는 제의를 받았다. 과외는 아주 좋은 아르바이트 자리고 십 대 소녀라는 점을 고려하면 보수도 꽤 괜찮은 편이다. 과외 아르바이트도 나름의 자제력과 훈련이 필요하겠지만, 맥도널드 같은 매장에서 일하는 것은 또 이와는 다른 어려움이 있다. 예컨대 점원에게 "아, 이런 멍청이 같으니라고, 내 햄버거는 어디 있느냐고?"라는 식으로 말하는 무례한 손님도 응대해야 한다.

아르바이트를 하면 돈이 '돈나무'에서 주렁주렁 열리지는 않는다는 사실도 알게 된다. 돈을 벌려면 열심히 일해야 한다. 돈 벌기가 얼마나 어려운지도 알게 된다. 돈은 하늘에서 뚝 떨어지지도 않고 누가 그냥 주지도 않는다는 사실을 새삼 실감하게 될 것이다. 이는 모든 아이들이 꼭 배워야 하는 중요한 교훈이며 부모들도 이

점을 깨닫고 십 대가 된 아이들에게는 꼭 아르바이트를 하라고 권해주면 좋겠다.

하버드 대학이 진행한 연구에서, 성인의 행복감에는 십 대 시절에 일을 해봤느냐 아니냐가 결정적인 역할을 한다는 결과가 나왔다고 한다. 부자든 가난하든, 똑똑하든 멍청하든, 건강하든 아니든 간에 어린 시절에 일을 해본 경험이 있는지가 성인의 행복한 일상을 결정하는 핵심 요소라는 사실이 드러났다. 십 대 시절에 일을 해보는 것이 중요한 이유를 열심히 열거했는데 그 모든 이유가 이 연구 결과 하나로 다 설명이 된다.

일전에 상하이에서 미국인 젊은 여성 한 명을 만났다. 이 여성은 스물넷까지 일을 해본 적이 없다고 했다. 그러다 취직을 했는데 경험이 없어서인지 직장 생활이 너무 힘들었다고 한다. 고객들에게 서비스를 제공해야 하는 일인데 고객에게 계산해달라는 말을 못했다. 마냥 두렵기만 했고 어떻게 해야 하는지 전혀 몰랐다. 전에는 누군가에게 돈을 달라는 말을 해본 적이 없고 굳이 아쉬운 소리를 하지 않아도 모든 것이 알아서 다 갖춰져 있었기 때문에 이런 상황에서는 무엇을 어떻게 해야 하는지 도무지 알 수가 없었다고 한다.

나는 너희가 이처럼 난처한 상황에 처하기를 바라지 않는다. 그런 면에서 너희가 십 대가 되면서 아르바이트를 하려고 노력한 부분에 박수를 보내고 싶다. 앞으로도 그러한 자세를 유지하는 데 필요한 결단력과 자제력을 갖추기를 바라며 아르바이트 경험에서 교훈을 얻어 성공적인 삶을 이끌어나갔으면 한다.

최선을 다하면
그것으로 충분하다

나는 너희가 공부를 잘하기 바라고 항상 최선을 다했으면 한다. 그러나 공부를 잘하지 못했어도 성공한 사람이 한 트럭은 된다는 사실을 명심하기 바란다. 공부를 잘하라고 하는 이유는 그렇게 하면 선택의 폭이 훨씬 넓어지기 때문이다. 공부를 잘하면 더 좋은 성적을 올릴 수 있고 그러면 프린스턴 대학 같은 명문 대학에 진학할 길이 열린다. 성적이 좋은데도 명문 대학에 진학할 생각이 없을 수도 있지만, 적어도 너희에게 선택권이 있다는 점이 중요하다. 갈 수 있는데 안 간 것과 가고 싶은데 못 간 것은 엄연히 다르다. 열심히 해서 좋은 성적을 내야만 그런 선택권이 생긴다.

"A학점을 받던 학생이 나중에는 C학점 받던 학생 밑에서 일한다"라는 말을 주변에서 많이들 한다. 실제로 공부를 엄청나게 잘한 학생이 크게 성공하지 못하는 일이 꽤 많다. 또 "B학점을 받은 학생이 나중에 정부 기관에서 일한다"라는 말도 있다. B학점을 받아도 정부 기관에서 일하지 않아도 되고, 물론 A학점을 받아도 정부 기관에서 꼭 일할 필요가 없으며 또 C학점 받던 학생 밑에서 일할 필요도 없다. 열심히 공부하라는 이유는 앞으로 펼쳐질 인생길에서 더 많은 선택권을 갖기 바라기 때문이다.

내 친구 중에는 예일 대학이나 옥스퍼드 대학에 가는 것으로 성공적 인생의 정점을 찍은 친구들이 많다. 예일이나 옥스퍼드 같은 명문 대학 진학을 목표로 정말 열심히 공부했는데 막상 원하던 대학에 들어가고 나서는 긴장의 끈을 확 놓아버린 듯 그 이후에는 그저 그런 삶을 살았다. 어쩌면 예일이나 옥스퍼드 진학에 성공한 것이 이들을 망쳐버렸는지도 모른다. 그런 명문 대학에 들어가고 나니 인생에서 가장 큰 것을 성취한 기분이 들었기에 그 이후로 더는 야망을 품지 않게 됐기 때문이다. 그 친구들의 인생 통틀어 대학 때까지가 가장 열심히 산 시간이었고 그 이후로는 바람 빠진 풍선처럼 크게 노력하지 않는 삶을 살았다. 그 때문에 그 이후의 삶은 대학 때처럼 성공적일 수 없었을 게다.

너희가 열심히 공부하고 최선을 다했는데 세계적인 명문 대학에 들어가지 못해도 너무 걱정하지 마라. 그것은 중요하지 않다. 너희가 중간에 포기하지 않고 열심히 노력해서 얻은 학업 성적을 더 큰 성공의 발판으로 삼으면 된다. 정말로 중요한 것은 바로 그것이다. 학교를 중퇴하고도 크게 성공한 사람이 꽤 있다. 되풀이해서 말하는데 항상 최선을 다해라. 천재가 아니라도 상관없다. 꼭 아인슈타인 같은 천재여야만 인생에서 성공하는 것은 아니다.

일류 대학에 들어가더라도 거기서 멈추지 말고 더 앞을 내다보고 준비하는 일이 가장 중요하다. 진정한 성공이란 어디에서 무엇을 하든 그때그때 성공적인 삶을 사는 데 필요한 기술을 계속해서 습득해나가는 것이다. 인생길은 대학 생활을 포함한 학창 시절을 넘어 더 먼 미래를 향해 뻗어 있다. 그 점을 꼭 기억해라. 일류 대학에 진학하는 것으로 인생 목표가 다 성취되지는 않는다는 점을 명심해라. 지금 내가 너희에게 주는 이 가르침이 너희가 스물여덟이나 서른여덟 혹은 마흔여덟의 삶을 성공적으로 보내는 데 도움이되기를 바란다.

질문하는 용기

내 평생 배운 가장 중요한 교훈 가운데 하나는 어떤 일이든 나중에 바로잡기보다는 처음부터 제대로 하는 편이 훨씬 쉽다는 사실이다. 시간이 걸리더라도 처음에 제대로 하라. 너희에게, 그리고 내 직원들에게 늘 강조하는 말이다. 어떻게 해야 할지 잘 모르겠으면 혼자 끙끙대지 말고 물어봐라!

이 세상에 바보 같은 질문이란 없다. 오히려 질문하지 않는 것이 가장 바보 같은 짓이다. 나는 너희에게 궁금한 것이 있으면 언제든 어떤 것이든 물어보라고 말한다. 내가 "그런 바보 같은 질문이 어디 있어?"라고 말하면 너희는 내 얼굴을 빤히 바라보며 이렇게 말해도 된다.

"아빠가 항상 물어보라고 했잖아요, 그래야 뭐든 처음에 제대로 할 수 있다면서."

뭐가 뭔지 모르면서도 물어보지 않아서 일을 망쳐놓으면 두 가지 면에서 문제가 생긴다. 우선, 누군가가 너희가 잘못한 부분을 찾아내는 수고를 해야 한다. 두 번째로 처음에 제대로 하지 못한 부분을 바로잡는 데 시간이 아주 많이 걸린다.

자신 있게 물어볼 용기가 있다면 처음부터 일을 제대로 하게 될 것이고 앞으로 인생에서도 줄곧 그렇게 초장에 일을 제대로 하는 습관이 붙을 것이다. 직업이나 가족, 취미와 관련해서도 마찬가지다. 무엇이 됐든 초장에 제대로 하면 앞으로 살아갈 인생이 훨씬 수월하게 굴러간다.

"항상 질문하라!"

이것이 내 신조다.

숙면의 중요성

성장기 어린이의 수면이 얼마나 중요한지를 강조하는 연구 결과가 점점 늘고 있다. 운동보다 잠이 더 중요하고 숙제보다 잘 자는 것이 더 중요하다고 한다.

그런데 너희 둘 다 밤마다 늦게 자려고 한다. 반 친구들 전부 너희보다 늦게 잔다고 하면서 말이다. 나는 이렇게 대답하겠다. "걔들은 여기 살지 않으니까 상관없지." 덧붙여, 늦게 자는 아이가 많으면 많을수록 너희 경쟁자가 줄어든다고 말하고 싶다.

내 경험상 너희가 잠을 충분히 자고 나면 시험도 더 잘 보고 발표도 더 잘하고 또 문제 해결 능력도 더 좋아진다. 그래서 너희에게 시험 보기 전날 밤에는 일찍 자라고 권한다.

더 효율적인 시험 준비는 벼락치기가 아니라 잠을 더 자두는 것이다. 잠을 충분히 자는 것이 운동보다 더 중요하다는 연구 결과가 있으며 이는 아이들뿐 아니라 우리 모두에게 해당하는 말이다. 이연구 결과를 보니 체육관에 운동하러 가기 전에 좀 피곤하다 싶으면 그냥 잠을 잤던 기억이 새삼 떠오른다. 그래서 너희에게 가능한한 많이 자라고 말하는 것이다. 자명종을 사용하지 않고 몸이 알아서 깼을 때 일어나는 것이 가장 이상적이다. 내 나이 서른 살 즈음에 신경 거슬리는 자명종 소리에 놀라 억지로 깨기보다 저절로 몸이 깨어 일어나면 더 상쾌하게 하루를 시작할 수 있다는 사실을 깨닫고 그때부터 자명종을 사용하지 않았다. 사무실에 가장 먼저 가든 꼴찌로 가든 매일 이렇게 충분히 휴식을 취해 원기를 회복한 상태에서 하루를 시작하면 모든 것이 훨씬 좋았다.

부득이 자명종을 사용해야 할 때도 있겠지만, 가능한 한 사용하지 않는 편이 좋다. 숙면을 통해 충분히 휴식을 취하면 어떤 일이 벌어지든 그 하루를 훨씬 수월하게 보낼 수 있다.

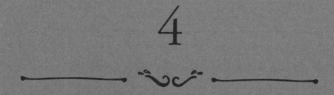

4

재능
발견하기

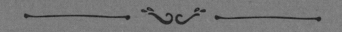

남들이 비웃으면 비웃을수록
그 일에서 성공할 가능성이 더 커진다.
열정을 좇으면서 자신의 능력을 믿고
야망을 실현하려 한다면
절대로 잘못될 일이 없다.

자신이 좋아하는 일

자신의 재능을 발견해서 그것을 살린 직업을 택하는 것이 좋다. 열정적으로 매달릴 수 있는 일이어야 행복과 성공이 보장되기 때문이다.

가끔 강연하는 도중에 청중에게 정원 가꾸기를 좋아해서 정원사가 되어야겠다는 생각이 들면 학교를 중퇴하고 정원사가 되라고 말할 때가 있다. 이 책을 보던 부모들이 이 대목을 읽으면 아마도 경악을 금치 못할 것이다. 아들이 정원사가 되고 싶다고 하면 대개 부모는 이런 반응을 보일 터이다.

"잠깐만, 기껏 정원사나 되라고 너를 대학에 보낸 게 아닌데?"

교수들도 충격을 받기는 마찬가지일 게다. 그래서 조심스럽게 학생에게 이렇게 물어볼지도 모른다.

"자네 무슨 일 있나? 여긴 프린스턴 대학일세, 그런데 정원사가 되고 싶다고?"

정원사고 되고 싶다는 포부를 들으면 친구들도 역시 낄낄대며 이렇게 놀릴지 모른다.

"최초의 프린스턴 대학 출신 정원사가 되는 거냐?"

그러나 내 생각은 다르다. 자신이 좋아하는 일을 한다면 매일 '일'을 하러 가는 것이 아니다. 매일 아침에 일어나 재미있게 놀러 가는 것이다. 열정을 다해 정원 가꾸는 일을 하다 보면 언젠가 버킹엄 궁의 수석 정원사가 되어 있을지도 모른다. 유럽 전역에 지점을 둔 세계적인 조경 사업체를 경영하게 될지도 모르고, 그 회사를 증권거래소에 상장까지 하게 될지 모른다. 이쯤 되면 부모의 태도가 달라진다. 아들에게 전화를 걸어 이렇게 말할지 모른다.

"우리는 네가 훌륭한 정원사가 될 줄 진작 알았단다. 너 기억나지? 너 어렸을 때 씨앗을 쥐어주면서 심어보라고 했던 거 말이야."

교수들도 이렇게 말하겠지.

"자네가 하고 싶은 일을 하라고 권하지 않았나. 우리는 진작 자네가 정원사로 성공하리라 생각하고 있었지."

놀리던 친구들도 전화를 걸어 올 것이다.

"네 회사를 증권거래소에 상장했다며? 유럽에서 가장 큰 조경 회사라는 얘기는 들었어. 나도 어떻게 네 회사에 취직 좀 시켜주면 안 될까?"

여기서 얻을 수 있는 교훈은 자신의 재능을 발견하고 좋아서 하는 일에 열정을 바치라는 것이다. 남들이 비웃으면 비웃을수록 그 일에서 성공할 가능성이 더 커진다. 열정을 좇으면서 자신의 능력을 믿고 야망을 실현하려 한다면 절대로 잘못될 일이 없다.

자녀가 좋아하는 일

앞 글에서 자신의 재능을 발견해 그 길로 나아가 성공하는 법에 관한 이야기를 했다. 그러나 부모가 자녀의 재능을 발견하는 일 또한 이에 못지않게 중요하다.

해피, 네가 두 살인가 세 살 때 축구 교실에 등록해 수업을 받게 했다. 엄청나게 큰 체육관에서 수업을 했고 처음에는 우리와 함께 갔는데 해피 너는 들어가자마자 곧바로 뛰쳐나왔다. 그래서 부리나케 너를 쫓아가서 다시 체육관으로 데려와야 했다.

그렇게 계속 축구 교실에 참가했는데 몇 주일이 지나 뉴욕의 날씨가 따뜻해지니까 동네 공원으로 나가 야외 수업을 하게 됐다. 어느 날 아침에 감독님이 수업에 참석한 아이들을 일렬로 세우고 이쪽 선에서 저쪽 선까지 뛰어가라고 했다. 감독이 "뛰어!"라고 하자 아이들이 전부 저쪽 편으로 뛰기 시작했다. 해피 너만 빼고 다 뛰어갔다. 너는 그 자리에 선 채 꼼짝하지 않았다. 그래서 내가 다시 "해피, 어서 뛰라니까!"라고 말했다. 그러자 네가 내 쪽으로 돌아서더니 이렇게 말했다.

"아빠, 난 뛰기 싫어."

너는 감독이 시키는 대로 할 생각이 전혀 없어 보였다. 너는 축구를 좋아하지 않았으나 딱히 싫다는 내색도 크게 하지 않았다. 그래서 축구 교실을 계속 나가기는 했지만, 결국은 포기하고 말았다.

나는 해피 네가 운동에는 취미가 없다는 '불편한' 진실을 알게 됐다. 축구 교실은 네게 맞지 않았고 너도 축구를 하고 싶어 하지 않았다. 그 사실을 좀 더 일찍 알았어야 했고 네 말에 귀 기울였어야 하는데 늦은 나이에 아빠가 되다 보니 경험이 너무 없었다. 아이들에게는 부모님 말씀을 잘 들으라고 항상 말하지만, 때로는 부모도 자식의 말을 귀담아 들어야 한다는 사실을 지금은 안다.

아이가 하기 싫어하는 일을 억지로 시키는 것은 무의미하며, 자신들이 열중하거나 관심을 보였던 것을 아이도 좋아하겠지 생각하면서 강요해서는 안 된다는 사실을 깨달았다.

그건 그렇다 치고, 해피 너는 스키를 잘 타니까 그래도 운동에 취미가 영 없지는 않은가 보다.

음악이 있는 삶

너희 덕분에 우리 집은 항상 음악 소리가 넘쳐난다. 음악이 넘치는 집에서 사는 것이 얼마나 즐거운지 모른다. 너희 둘 다 음악을 좋아한다. 해피 너는 피아노를 치고 노래도 배우고 기타 치는 법도 배운다. 비 너도 피아노를 치고 늘 노래를 흥얼거린다. 내 서재 문을 열면 너희 방에서 노래 소리가 들려온다.

내게는 음악이 너희에게만큼 중요하지는 않지만 너희가 음악을 통해 기쁨을 느끼는 것을 보고 음악의 가치를 새삼 깨닫고 있다. 단계적으로 하나씩 배워나가는 과정을 통해 음악 실력이 계속 나아지는 것 같았다. 이렇게 도전 과제를 하나씩 극복해가면서 능력이 점점 향상된다. 훌륭한 음악가가 되려면 집중력과 꾸준한 훈련 그리고 열정과 야망이 필요하다. 이러한 자질은 성공적인 삶을 추구하는 데도 큰 도움이 된다.

요즘 아이들은 학교에서 돌아오면 바로 아이패드나 위(Wii, 닌텐도 콘솔 게임기-옮긴이), 컴퓨터 같은 첨단 기술 기기부터 찾는다. 그보다는 너희처럼 악기를 다루는 편이 훨씬 바람직하다.

연구 결과에 따르면 악기를 연주하면 대뇌의 운동 피질과 청각 피질에 변화가 생긴다고 한다. 악기를 연주하면 청각 훈련이 되기 때문에 청각 피질이 자극을 받고, 손가락과 팔을 사용해야 하므로 운동 피질이 자극을 받는다는 것이다.

이보다 더 귀가 솔깃할 만한 사실은 음악적 재능과 수학적 소질 간에 깊은 상관관계가 있다는 점이다. 음악에는 패턴, 시간 측정, 간격 등 수학적으로 표현되는 특질이 많기 때문에 이 두 가지 측면이 함께 작동해서 음악 공부를 하면 수학적 능력도 향상된다. 음악 공부의 장점이 하나 더 늘어난 셈이다.

나는 음악에 대한 너희의 열정과 관심이 평생 동안 이어졌으면 한다. 너희가 연주하는 악기 소리와 노랫 소리가 오래도록 우리 집 안을 가득 채웠으면 좋겠다.

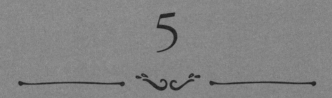

5

여성의
힘

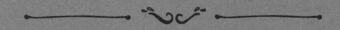

A Gift to My Children

성비 불균형은 직업, 교육, 결혼 등
각 분야의 지형도를 변화시킨다. 아시아에서는
이혼 전문 변호사의 전망이 매우 밝다.
수세기 동안 이혼은 꿈도 꾸지 않았던 여성들이
이제는 얼마든지 이혼도 할 수 있고
힘도 있다는 사실을 깨닫고 있기 때문이다.

성 역할 구조의 변화

나는 과거 오랫동안 아이를 낳고 싶지 않았는데 내가 5형제 중 장남라는 사실도 그 이유 중 하나였다. 맏이였던 탓에 어린 시절 내내 동생들을 돌봐야 했고 그 일이 너무 힘들었다. 아이를 키우는 데는 시간과 에너지 그리고 돈이 많이 들어간다는 사실을 몸소 겪었다. 그렇게 힘든 경험을 한 나로서는 사람들이 왜 자식을 낳아 기르려는지 이해할 수 없었다. 그러나 내 생각이 짧았다!

너희 덕분에 나는 전과는 완전히 달라진 삶을 살 수 있게 됐다. 지금은 내가 만나는 모든 사람에게 자식을 낳아야 한다고 말한다. 그리고 이 책을 읽는 독자에게도 같은 말을 하고 싶다. 사실 점심

먹으러 집에 간 김에 아이부터 만들라고 하고 싶다. 그러나 한 가지 명심해야 할 점은 아들이 아니라 딸이 더 좋다는 사실이다. 내 남동생 네 명과 내 두 딸을 비교해봐도 어느 쪽이 더 나은지는 너무도 분명하다.

내 마음이 여성 쪽으로 치우치는 데는 개인적 경험과 취향 외에 다른 이유가 더 있다. 앞으로 여성이 여러 가지 면에서 점점 더 좋은 위치에 서게 되리라 생각한다. 우선 아시아에 여자아이들의 수가 많이 부족하다. 중국에서는 여아 100명당 남아 119명이 태어난다. 그래서 신부를 구하지 못해 애를 먹는 남자가 늘고 있다. 한국은 25세 여성의 수가 100명이라면 남성은 125명이나 된다. 정말 문제다.

정도의 차이는 있으나 세계 어느 나라에서나, 특히 아시아에서 여성은 하류 계층에 속하는 존재였다. 그런데 요즘은 이러한 추세가 변하고 있다. 한국의 열여섯 살짜리라면 요즘은 남자보다는 여자로 사는 쪽이 훨씬 유리하다. 여자아이의 성비가 점점 낮아지는 추세라서 여성에게 기회가 더 늘어나기 때문이다.

이 같은 성비 불균형은 직업, 교육, 결혼 등 각 분야의 지형도를 변화시킨다. 아시아에서는 이혼 전문 변호사의 전망이 매우 밝다. 수세기 동안 이혼은 꿈도 꾸지 않던 여성들이 이제는 얼마든지 이혼도 할 수 있고 힘도 있다는 사실을 깨닫고 있기 때문이다. 그러니 남성들이여, 아내에게 잘해주는 것이 신상에 좋을 것이다. 그렇지 않으면 아내가 언제 곁을 떠날지 모른다. 요즘 여성들은 세상에는 남편 말고도 자신을 기다리는 남자가 많다는 사실을 깨닫고 "지옥으로 꺼져!"라는 말을 남긴 채 미련 없이 사라질 수 있기 때문이다.

지금은 여성의 힘이 예전보다 훨씬 세졌고 이러한 추세는 앞으로 더 강해질 것이다. 아시아에서는 요즘도 여성이 결혼할 때 신랑 측에 지참금을 건네는 국가가 많다. 그러나 천여 년 전의 유럽은 상황이 완전히 달랐다. 여러 가지 이유로 여성의 수가 많이 부족했기 때문에 오히려 신랑 측에서 지참금을 주고 신부를 데려왔다. 그때는 여성을 간절히 원했다. 그 당시에는 여성이 회사를 운영했고 시와 주 정부를 운영했다. 그때 여성의 힘은 매우 강했다. 이제 다시 그때와 같은 상황이 펼쳐지고 있다.

　너희가 열여섯 살짜리 한국 여자아이가 되기에는 너무 늦었을지 모르고 나는 더욱 그렇겠지만, 이제라도 그렇게 될 수만 있다면 우리에게는 더 나은 미래가 열릴 것이다. 남자로 사는 것보다 여자로 사는 데 여러 가지 이점이 더 많다. 얘들아, 그래서 내가 딸인 너희를 낳았단다!

A Gift to My Children

A Father's Lessons for life and Investing

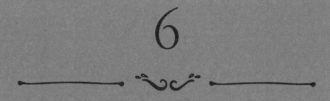

6

마음에
관한
문제

살다 보면 누구에게나
어려운 시기가 찾아온다는 점을 명심해야 한다.
나도 예외는 아니다. 내게도 앞으로 더 많은
시련이 찾아올 텐데 그때 모두가 내게 등을 돌리는
그런 일은 없었으면 좋겠다.

첫사랑

나는 늘 사랑에 빠진다. 정서 불안 때문인지, 다른 무엇 때문인지는 잘 모르겠지만, 젊고 멋진 여성과 만날 때마다 사랑에 빠졌다. 너희는 나보다 좀 더 통제력이 있으면 좋겠다 싶다가도 또 한편으로는 사랑에 빠지는 일을 두려워하지 않았으면 좋겠다 싶기도 하다. 다만, 너무 많이 너무 자주 사랑에 빠지지만 않으면 된다.

열여덟 살에 사랑에 빠지면 이성적 사고가 가능할 리 없다고 생각하기 때문에 너희가 스물여덟이 될 때까지는 위층에 가둬두겠다는 농담도 했었다. 열여덟 살 때는 너희가 좋아하는 남자아이가 매우 적극적인 상태라 아마도 너희는 그 아이에게 흠뻑 빠지기 쉽다.

이 철 이른 사랑에 너희는 완전히, 철저히, 온통, 완벽하게 사로잡혀버린다.

그러나 애들아, 정신 똑바로 차려야 한다. 그런 불같은 감정은 금방 사라지기 때문이다. 내가 장담한다. 사랑은, 특히나 그런 철 없는 사랑은 덧없이 지나가기 쉽다. 그 사랑은 열에 들뜬 열여덟 철부지들이 생각하는 것만큼 깊지도 영원하지도 않다.

내가 이 남자애든 저 남자애든 다 너희에게 어울리지 않는다고 말할 때가 있을지 모른다. 이 말을 설득력 있게 전할 수 있을지 그건 잘 모르겠다. 너희가 사랑에 흠뻑 빠져 있을 때는 주변 사람이 무슨 말을 해도 믿지 못한다. 너희가 경험하는 그 감정을 자신들도 다 겪어봐서 잘 안다고 아무리 말해도 귓등으로도 듣지 않는다.

풋사랑이 더 깊어지지 않도록 자식을 억지로 다른 도시로 보내기도 하고 만나는 상대가 자신의 아이와 어울리지 않는다는 생각에 두 사람을 떼어놓으려고 더 극단적인 방법을 쓰는 부모도 많다. 부모는 자식보다 당연히 경험도 많고 연애에 관해 아는 것도 더 많기 때문에 대부분은 부모의 판단이 옳다.

나는 너희가 연애 문제에 관해 쓴 내 글을 읽어보고 그 내용을 항상 기억했으면 좋겠다. 풋사랑이든 뭐든 사랑의 감정에 빠졌는데 아빠나 엄마가 "시간을 갖고 천천히 다가가라"라든가 "그 아이는 네게 어울리지 않아"라고 말할 때 내 글이 도움이 되리라 생각하기 때문이다. 첫사랑의 황홀함은 너희가 생각하는 것과 달리 그다지 현실성이 없다는 점을 알아야 한다. 내가 그런 말을 하면 너희는 내 말을 믿지 않거나 아예 들으려고도 하지 않겠지만, 이 문제에 관한 한 너희는 나를 믿어야 한다. 연애 문제에서 나는 너희보다 경험이 더 많다. 그러나 역시 지금은 내 말을 듣지 않을 것 같다.

실연

지난번 책을 쓸 때는 실연에 관해서는 별로 생각하지 않았다. 그러나 지금은 다르다. 이제 해피 너는 십 대가 됐고 (우리가 생각지도 못한 사이에 비도 머지않아 그렇게 되겠지) 남자아이들에게 슬슬 관심을 보이기 시작한다. 요즘 너는 내게 학교에서 친구들과 둘러 앉아 남학생 얘기를 한다고 말한다. 사랑에는 고통이 따른다는 것을 너무도 잘 알기 때문에 이 말을 듣는 순간 가슴이 무너져 내리는 고통이 느껴졌다. 이전 책에서 너희에게 남자아이를 조심하라고 했다. 그런데 이 경고는 그때보다 지금이 훨씬 큰 의미가 있다.

남자애를 조심하라는 말은 다 내 경험에서 나온 것이었다. 나는 남들이 말하는 '나쁜 남자'였고 그래서 나쁜 남자가 어떤 말과 행동을 하는지 너무 잘 알기 때문이다. 남자애들끼리는 여자아이들을 구워삶을 때 어떤 말을 하는지 대놓고 떠들고 다니기 때문에 남자애가 너희에게 무슨 말을 어떻게 할지 눈에 훤하다. 남자애들은 아마도 네가 굉장히 멋지다는 둥, 너를 사랑한다는 둥, 너밖에 없다는 둥, 네가 최고고 이 세상에서 가장 아름답다는 둥, 네가 상상할 수 있는 온갖 감언이설로 네 환심을 사려 할 것이다. 남자애들은 열이면 열 하나같이 다 그렇게 말할 것이기 때문에 남자애들마다 똑같은 말을 한다는 사실을 미리 알고 대비를 해야 한다.

또 하나 알아야 할 사실은 그 나이 때 남자애들은 감당하기 버거울 정도로 테스토스테론(남성 호르몬) 수치가 매우 높다는 점이다. 이 때문에 이성적인 사고가 불가능할 때가 있다. 자신이 원하는 것을 얻으려고 네게 거짓말도 하고 너를 이용하기도 한다. 이것이 십 대 남자애들의 습성이다. 그러니 이런 행동에 대비해야 한다.

십 대 '남자'애들 이야기를 하고 있지만, 물론 나쁜 남자만이 아니라 나쁜 여자도 많다. 그러니 남학생들도 이런 나쁜 여자애를 조심해야 한다. 작정하고 남자에게 달려드는 여자도 많다고 생각한다. 그러니 남자도 조심하고 또 조심해야 한다. 싱가포르에 있으면서 같은 마을에 일등 신랑감이 있으면 온 동네 아가씨가 치열하게 경쟁하면서 그 남자를 차지하려고 온갖 꾀를 다 낸다는 이야기를 들은 적이 한두 번이 아니다.

그러므로 십 대가 되면 남자애들은 여자애들을, 여자애들은 남자애들을 쫓아다닌다는 사실을 알아야 한다. 그 나이 때 남자애들은 상당히 파렴치하므로 이들에게 도덕성을 기대하면 안 된다. 물론 여자애들도 만만치 않다. 그러니 이러한 사실을 알고 조심 또 조심해야 한다.

또 남자애들은 허풍이 심해서 자신이 '정복'한 여자애들에 관해 한껏 부풀려 말하고 다닌다는 사실도 알아야 한다. 그래서 자신의 손 안에 들어온 여자애에 관한 이야기를 만나는 모든 사람에게 다 떠벌린다. 그러니 정말로 조심해야 한다.

이렇듯 나쁜 남자와 여자도 있지만, 좋은 남자와 좋은 여자도 물론 있다. 너희가 계속해서 여자로 살아간다면 나쁜 남자보다 좋은 남자들이 더 많이 너희에게 다가올 것이다.

젊었을 때는 나도 나쁜 남자 축에 들었는데 그런 나도 실연의 아픔을 겪었다. 너무 끔찍했다. 그런데 돌이켜보면 그때 그 일이 그렇게 끔찍했던 이유는 그것이 내가 처음으로 경험한 실패 가운데 하나였기 때문인 듯하다. 실연은 내 인생의 큰 실패였고 게다가 공공연하게 드러나버리는 실패라서 더 참기 힘들었다. 나는 아내와 헤어졌고 결국 결혼 생활을 유지하는 데 실패했다. 이러한 실패 때문에 시시때때로 참을 수 없는 고통이 밀려오곤 했다.

앞에서 자살에 관해 이야기했는데 사실 내가 견뎌야 했던 실연의 아픔 그리고 나와 같은 결별의 고통을 맛본 사람들이 겪었을 엄청난 심적 고뇌를 생각하면, 실연한 사람들이 왜 스스로를 해하거나 자살이라는 극단적 선택을 하는지 충분히 이해가 간다. 헤어진 애인을 찾아가 살해한 사건이 한두 건이 아니다. 사랑 혹은 실연 때문에 수많은 살인 사건이 일어난다.

그러나 너희가 실연을 하게 되더라도 결국은 그 상처를 극복할 수 있다는 말을 해주고 싶다. 실연했을 당시에는 절대 극복할 수 없을 것 같고, 사무치는 슬픔에 숨도 쉬어지지 않고, 흐르는 눈물이 멈추지 않을 것만 같고, 하루하루가 무의미해 살아갈 희망이 보이지 않는 것 같고, 다시는 웃을 일도 없으리란 생각밖에 들지 않을 것이다. 그러나 절대로 그렇지 않다. 시간이 가면 결국 다 잊히고 언젠가는 그때 그 남자와 헤어지길 정말 잘했다는 생각이 들면서 변변찮은 그 남자와 헤어지게 해준 그 행운에 감사하게 될지도 모른다.

너희는 실연의 고통을 받을 일이 절대로 없을 것이라고 말해주고 싶지만, 그럴 수는 없다. 아마 너희도 실연의 고통을 겪게 될 것이다. 사랑하고 헤어지는 일은 누구에게나 일어나니 말이다. 사랑과 실연은 그 자체로 삶이 주는 최고의 환희이자 최고의 비애다. 이 두 가지 다 너희가 배워야 할 중요한 교훈으로서 결국은 너희에게 많은 것을 가르쳐줄 것이다.

너희가 실연의 고통으로 괴로워하는 일이 생긴다면 그 슬픔과 고뇌와 아픔을 내가 대신 지고 가고 싶은 마음 굴뚝같다. 그러나 인생이란 그렇게 흘러가지 않으니 어쩌겠느냐. 그렇더라도 뒤에서

든든하게 너희를 받쳐줄 생각이다. 그리고 분명히 장담하건대 너희에게 다시 행복이 찾아올 것이다. 그것도 아마 너희가 생각하는 것보다 훨씬 빨리.

실연의 고통을 극복하고 나면 '실연'이라는 사건에서 많은 것을 배울 수 있다. 처음에는 상처받기 쉬운 자신의 나약한 감성에 무너졌다가, 고통에서 헤어 나올 수 있는 강인함에 자신감을 얻게 될 것이다. 무엇보다 실연의 고통 따위 얼마든지 극복할 수 있다는 사실을 알게 된다. 그리고 세상에는 헤어진 그 사람 말고도 수많은 여자와 수많은 남자가 있다는 사실도 알게 된다.

앞으로 너희가 실연을 하더라도 엄마와 내가 항상 너희 곁에 있으리라는 점만은 알아줬으면 한다. 대화 상대가 필요할 때면 언제든 옆에 앉아주겠다. 실연한 당사자라면 대부분 실연과 관련한 이야기는 별로 하고 싶어 하지 않겠지만, 너희는 우리에게 터놓고 이야기해줬으면 좋겠다.

너무 가슴이 아프고 너무 견디기가 힘들 것이다. 우리도 잘 안다. 그래도 매일 우리에게 전화해서 이야기해줬으면 한다. 또 울어도 되니까 울고 싶으면 실컷 울라고 말해주겠다. 너희가 내 곁에 온 이후로 나도 많이 울었으니까.

너희는 내게 너무도 큰 기쁨을 줬다. 때로는 가만히 앉아서 너희가 얼마나 경이로운 존재인지를 생각만 해도 눈물이 흐르기 시작한다. 바보처럼 앉아서 그냥 운다! 그러나 그 눈물은 너희라는 존재가 주는 축복에 겨운 기쁨의 눈물이다.

실연의 아픔으로 흘리는 눈물은 이런 기쁨의 눈물과는 많이 다르다. 어차피 스스로 겪어야만 하는 일이고 흘려야 할 눈물이니 나는 그저 너희 옆에 조용히 앉아 같이 울어줄 생각이다. 할 수만 있다면 너희의 고통을 내가 대신 가져가고 싶다만 그건 안 되는 일이니 어쩔 수 없다. 그저 너희를 감싸 안으며 걱정하지 말라는 말밖에 하지 못할 테지. 물론 그렇게 위로한다고 상처와 고통이 금방 사라지지는 않는다.

내가 실연했을 때도 그랬다. 시간이 지나면 다 나으니 걱정 말라는 말을 수도 없이 들었지만, 나는 그 말을 믿지 않았다. 실연으로 가슴이 무너진 상태에서는, 영원할 것 같던 그 고통도 결국에는 사라진다고 아무리 말해도 소용이 없다. 물론 지금은 고통에는 끝이 있고 일단 그 고통이 사라지면 예전처럼 다시 기분이 좋아지고 매우 행복해진다는 사실을 안다. 가슴이 산산조각 나는 것 같던 실연의 순간이 너무도 생생했다면 고통에서 헤어나리라는 확신 또한 딱 그만큼 생생하게 느껴질 것이다. 가슴이 산산이 부서지는 고통이 엄연한 현실이었듯이 시간이 지나면 고통이 멎는다는 것 또한 엄연한 현실이다.

실연의 고통에서 얻은 상처가 깊으면 깊을수록 더 많이 배우게 된다. 아픈 만큼 성숙한다는 말이다. 열여섯이나 스물둘 혹은 스물넷이 되어 직접 실연을 겪어보지 않으면 그 상처와 고통이 얼마나 큰지 잘 모른다. 그러나 시간이 지나면 고통은 사라지고 다시 활기찼던 예전의 상태로 되돌아간다.

실연의 고통에서 벗어나려 몸부림치다 보면 상황이 나아지기는커녕 더 악화될 때가 있다. 그러니 이러한 상황에 대비해야 한다. 예를 들어 남자 친구에게 다른 여자가 또 있다는 사실을 알게 될지도 모른다. 그 사실을 알면 화가 머리끝까지 치밀어 오르고 지옥이 따로 없는 마음 상태가 되겠지. 살인 충동을 느낄지도 모르겠다. 같이 죽어버리자는 극단적 생각까지 들지 모르지만, 얘들아 제발 그러지 마라.

실연의 상처가 일단 아물고 나면 내가 어쩌자고 저런 남자에게 빠졌는지 모르겠다며 이제라도 헤어져서 정말 다행이다 싶을 것이다. 한때 네 전부였던 사람이 너와는 전혀 어울리지 않는다는 사실을 깨닫게 된다.

이와 관련해서 그동안 살면서 터득한 또 한 가지 교훈이 있다. 그리고 미래 말해두겠는데 내가 알게 된 이 사실이 틀리지 않았음을 입증해주는 연구 결과도 있다. 요컨대 여성이 남성보다 강하고, 자신을 기다려주는 다른 누군가가 없는데도 과감하게 연인 관계를 청산하거나 이혼을 결심하는 쪽은 바로 여성이다. 물론 다른 남자가 있을 때도 있으나 꼭 다른 남자가 있어야 그런 결심을 하는 것이 아니다.

그러나 남자는 다른 여자가 기다리고 있거나 달리 가야 할 곳이 있지 않는 한 절대 지금 여성과 헤어지려 하지 않는다. 남편이

나 남자 친구와 헤어졌다는 여성들과 이야기를 나누면서 내 경험에서 나온 이 교훈을 들려줬다. 이 여성들에게 누가 떠났느냐고 물어봤는데 남자가 먼저 떠났다고 대답하면 그 남자에게 아마 다른 여자가 있었으리라고 말해준다. 그러면 열이면 열 다 그럴 리 없다고 손사래를 치면서 남자가 떠났던 다른 이유를 열심히 들이댄다. 다른 여자가 있었다면 자신이 몰랐을 리 없다며 아주 정색을 한다. 그러나 대부분은 한두 달 혹은 일이년 쯤 후에 다시 나를 찾아와 다른 여자가 있었다는 사실을 어떻게 알았느냐고 묻는다. 그러면 남자는 여자만큼 강하지 못해서 달리 갈 곳이나 기다려줄 다른 여자가 없으면 현재의 관계를 청산하지 못하는 존재이기 때문이라고 말해준다.

그러니 애들아, 지금 남자 친구가 있는데 그 친구가 따로 생각할 시간이 필요하다거나 너희에게 좀 떨어져서 생각할 시간을 가지면 어떻겠느냐고 한다면 그 말의 속뜻을 너희가 알았으면 한다. 그 말은 남자 친구에게 다른 여자가 있다는 뜻이다. 얼마간 시간이 지나고 나면 너희도 그 사실을 알게 되겠지. 그런 일이 생기면 그 친구

를 놔줘라. 이 세상은 약속과 가능성으로 가득하고 다른 남자도 40
억 명이나 있다.

진정한 친구

살아가면서 우정에 관해서도 많이 배우게 된다. 너희에게는 이미 많은 친구가 있고 내가 보기에 아직은 친구 관계에 큰 변화는 없는 듯하다. 그 친구들 중에 몇몇은 아주 오랫동안 친구 관계를 유지할 것이고 또 학창 시절에만 친하게 지내다 말거나 살아가는 동안 친구가 됐다가 얼마 안 가 헤어지는 관계도 생겨난다.

우정에서는 서로 도와주려는 마음과 성실함이 무엇보다 중요하다. 나는 항상 그렇게 하려고 노력했다. 최근 싱가포르 언론에 내친구에 관한 기사가 나왔다. 성공한 집안 출신인 그 친구는 내 눈에도 점잖고 기품이 흘러넘쳤다. 그런데 기사를 보니 놀랍게도 이 친구가 경찰의 소환을 받았고 경영하던 회사도 파산 직전이라는 내용이었다. 나는 이 친구에게 편지를 쓰기로 했다. 파산 위기에 빠진 회사를 구해줄 만큼의 돈도 없고 앞으로 벌어질 일들은 내가 어찌해볼 수도 없지만, 친구에게 무조건적 지지와 응원을 보내겠다고 썼다. 이 내용을 써서 보내는 데 큰돈이 들지도, 대단한 수고를 하지도 않았는데 친구는 내가 상상했던 그 이상으로 너무 고마워했다.

친구의 반응으로 미루어 보건대 많은 사람이 이 친구에게 등을 돌렸던 모양이다. 살다 보면 누구에게나 어려운 시기가 찾아온다는 점을 명심해야 한다. 나도 예외는 아니다. 내게도 앞으로 더 많은 시련이 찾아올 텐데 그때 모두가 내게 등을 돌리는 그런 일은 없었으면 좋겠다.

내 친구를 보니 시련의 순간에는 모든 것이 다 끝났다 싶은 생각뿐이겠지만, 잘못한 일이 없다면 결국에는 모든 것이 제자리로 돌아온다. 그렇게 한숨 돌리고 나면 그 어려운 시기에 곁에 있어준 사람을 평생 기억하게 된다. 죄가 없는데도 기소당하는 사람이 한

둘이 아니다. 이 세상 곳곳에서 부당한 일이 비일비재하게 일어난다. 그리고 설사 정말 죄가 있더라도 그 사람을 지지해준다고 해가 되지는 않는다. 덧붙여, 신문에 난 사실 혹은 남에게 들은 말을 무조건 믿지는 말라고 당부하고 싶다.

친구가 어려움에 빠졌을 때 등을 돌리지 않는 의리와 성실한 품성을 갖추기 바란다. 친구를 지지하고 응원하지 않는 사람은 진정한 친구가 아니다.

7

품위 있는
삶에 관해

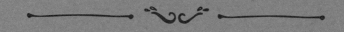

정도를 걷는 일은 이처럼
도덕적인 측면뿐 아니라 실용적 측면에서도
득이 된다. 처음부터 정도를 걸으면 실수를 바로잡을
걱정을 할 필요가 없다. 지름길은 성공에 이르는 길이 아니니
절대 그 유혹에 빠지지 마라.

품위 있게 입어라

너희가 태어나기 전까지는 여자들이 어떻게 옷을 입는지에 전혀 관심이 없었다. 이 책에서 이미 내가 여자에게 관심이 많았고 그 가치를 인정한다고 말했는데 이제 와 무슨 뚱딴지같은 소리냐 싶을 것이다.

그러나 여자들의 옷차림에 관한 부분은 사실 별로 눈여겨보지도 않았고 진지하게 생각해보지도 않았다. 그러나 지금은 다르다!

지금은 여자애들이나 성인 여성을 보면 노출이 심한 옷을 입는지, 너무 짧은 반바지를 입는지, 피부가 거의 다 드러나는 옷을 입는지가 눈에 다 들어온다. 살이 다 드러나는 옷을 입은 젊은 여성을 보면 속으로 이런 생각이 든다.

'대체 뭘 원하기에 저렇게 입은 거야?'

내 관심을 끌고 싶어서인지 아니면 다른 남자의 관심을 끌려고 하는 것인지 궁금하다. 남자들이 접근하기 쉬운 헤픈 여자라는 사실을 알리고 싶어 저렇게 입었나 싶기도 하다.

아침에 일어나 굳이 왜 저런 옷을 챙겨 입고 나오는지 도무지 이해가 가지 않는다. 저런 옷은 대체 어디서 사는지, 애초에 저런 옷을 왜 샀는지, 왜 걸쳤는지 참으로 궁금하다. 그리고 세상 사람들에게 대체 뭘 말하고 싶어서 저런 옷을 입는지 생각해보게 된다.

일전에 강연을 하고 있었는데 한 여성이 내게 다가왔다. 그런데 이 여성이 가자마자 해피 네가 저 여자는 옷을 왜 저렇게 입었느냐고 물었다. 그 여성은 아주 짧은 반바지 차림이었다. 그런 옷차림도 당혹스러웠지만 너를 보기도 정말 민망했다.

사람은 자신이 택한 옷차림으로 말을 하는 법이다. 나는 온몸이 훤히 드러나는 옷보다는 고상하고 세련된 옷차림을 한 여성이 훨씬 매력적이라고 생각한다. 너희가 성숙해질수록 매력적이고 섹시하게 보이고 싶을 테지만, 그렇다고 꼭 노출이 심한 옷을 입을 필요는 없다.

노출이 심한 옷을 입으면 헤픈 여자를 찾아다니는 남자들의 표적이 될 뿐이라는 점을 꼭 기억하라. 그리고 많은 사람이 너희를 피하려 할 것이다. 남자애든 여자애든 다 마찬가지다. 너희 옷차림을 민망해하면서 너희와 똑같은 부류로 보이기 꺼려할 것이다. 그 때문에 정말로 함께 있고 싶은 친구들은 떠나고, 사귀고 싶지 않은 사람들만 너희 주변에 들끓게 된다.

너희 자신에게 충실했으면 하고 또 있는 그대로의 모습을 보여주기 바란다. 옷차림을 통해 자유롭게 자신을 표현해야 한다. 그렇긴 하지만, 스스로에게 자신감을 가져야 한다. 정말 사귈 가치가 있는 남자라면 네 가슴을 드러내지 않아도 그 사람의 마음을 얻을 수 있다.

고상한 옷차림으로 품위 있게 보이면 반쯤 걸치다 만 옷차림 탓을 했을 때보다 주변 사람이 너희를 더 존중하게 된다. 그러니 옷을 입을 때는 그 옷차림이 다른 사람들에게 어떤 메시지를 전하는지, 또 그 선택이 어떤 반응을 일으키는지 생각해보고 너희가 무엇을 원하고 원하지 않는지를 분명히 해야 한다.

도움의 손길

인생을 살면서 너희보다 못한 사람들을 생각하는 것이 중요하다. 다른 사람을 돕는 방식은 두 가지가 있는데 둘 다 괜찮은 방식이라고 생각한다.

한 가지는 자원 봉사 활동으로 돕는 것이다. 무료 급식소에 가서 일손을 돕는 것도 괜찮다. 가서 해봐라! 배울 점이 아주 많고 그 자체가 아주 귀중한 경험이다. 너희 할머니도 일주일에 한 번 바겐 박스(Bargain Box)라는 곳에서 반나절 동안 봉사 활동을 했다. 바겐 박스는 옷이나 기타 물품을 기부하는 곳이다. 어머니는 봉사 활동을 하면서 큰 기쁨을 느꼈다. 내 어머니가 그랬던 것처럼 너희도 자선 단체에서 자원 봉사를 하면 큰 행복을 느낄 것이다. 그러니 꼭 그렇게 해라.

내가 남을 돕는 방식은 이와는 좀 다르다. 일단은 자신이 하는 일에 집중하라고 말하고 싶다. 지금 하는 일을 좋아하면 그 일에서 크게 성공할 것이다. 일에서 성공하면 돈을 많이 벌게 되고 일부를 무료 급식소에 기부할 여유가 생긴다. 기부도 하고 한 달에 한번 가서 자원 봉사도 하면 급식소에 훨씬 큰 도움이 된다.

물론 무료 급식소에 자주 가서 자원 봉사를 하면 사람들이 너희를 아주 좋아하게 되겠지. 너희가 아주 친절하고 멋진 소녀라고 생각하고 배식을 아주 잘한다며 칭찬을 할지도 모른다. 그러나 돈을 많이 기부하면 그만큼 더 너희를 좋아하게 된다. 너희가 기부한 돈을 무료 급식소를 더 늘리는 데 사용할 수 있으니 여기저기서 몇 시간 자원 봉사를 할 때보다 훨씬 큰 규모로 도움을 주는 셈이다.

가장 바람직한 방식은 기부와 자원 봉사 둘 다 하는 것이다. 너희가 남을 돕기 위해 무언가를 한다는 것 자체가 중요하다.

정도를 걸어라

지금까지 살면서 나는 성실과 정직의 가치를 배웠다. 부정한 행동을 하다가 재정적으로 파탄에 이른 사람들을 많이 봤다. 아둔하거나 멍청해서가 아니다. 올바른 행동을 하기에 충분한 총기와 지력을 갖춘 사람들이 그런 짓을 저지른다. 이 사람들도 정도를 걸었더라면 분명히 성공했을 것이다. 이들에게는 나름대로 이유 있는 행동이었는지 몰라도 결국은 쉬운 길을 택한 것이고 그래서 종국에는 파산에 이르고 교도소에 가거나 자살까지 하게 된다.

애초에 바르게 행동하면 지름길을 택했을 때만큼, 혹은 그 이상으로 성공한다. 너희는 똑똑하니까 처음부터 올바른 길로 들어서서 많은 성공을 일궈낼 수 있을 것이다.

정도를 걷는 일은 이처럼 도덕적인 측면뿐 아니라 실용적 측면에서도 득이 된다. 처음부터 정도를 걸으면 실수를 바로잡을 걱정을 할 필요가 없다. 지름길은 성공에 이르는 길이 아니니 절대 그 유혹에 빠지지 마라.

겸손이 최고다

겸손함과 분별력은 행복한 인생의 필수 요소다. 부모님은 항상 돈이 얼마나 많은지, 저축을 얼마나 많이 했는지, 무엇이 얼마짜리 인지 등등에 관한 말은 절대 하지 말라고 가르쳤다. 부모님은 겸손이 무엇인지를 몸소 가르쳐주셨다.

요즘은 자신이 얼마나 비싼 집에 사는지, 여자 친구가 얼마나 멋진지, 혹은 돈이 얼마나 많은지, 타고 다니는 자동차가 얼마짜리인지 혹은 자신이 입은 정장이 얼마나 비싼지를 말해주고 싶어 안달이 난 사람들이 많다. 내 부모님, 그러니까 너희 조부모님은 절대로 그런 말은 하지 말라고 하셨다.

나는 너희에게 우리가 돈은 좀 있지만, 부자는 아니라고 늘 말했다. 너희가 학교에 가서 친구들에게 그렇게 말했더니 다들 네가 잘못 알고 있다는 식으로 말했다지? 학교 친구들은 '네 아빠는 아주 부자고 너도 부자'라고 말했다. 그러나 너희는 참 착한 아이들이라서 친구들이 그렇게 말해도 계속 우리는 부자가 아니라고 말한다. 나는 사람들이 우리가 큰 부자라고 생각하지 않기를 바란다. 그러니 항상 조심하고 또 겸손해야 한다. 지금까지도 나는 남 앞에서 돈 얘기는 절대 꺼내지 않는다. 이 부분에 관해서만큼은 너희도 내 뜻을 따라주기 바란다.

사람들이 이건 얼마짜리냐, 저건 얼마짜리냐는 식으로 너희가 가진 이것저것의 값을 물어오면 그냥 아무 대답도 하지 마라. 돈에 관한 이야기는 하지 않는 편이 낫다. 흥청망청 써도 될 만큼 돈이 아주 많다는 둥, 지금 타는 자동차가 5억짜리라는 둥 돈 냄새를 풍겨 사람들의 관심을 끌려 하기보다는 그냥 잠자코 있는 편이 훨씬 현명하다.

언젠가 싱가포르에서 롤스로이스 자동차 판매상과 저녁을 먹었는데 그때 이 판매상은 최신형 롤스로이스의 장점을 입에 침이 마르도록 칭찬하면서 이 차를 꼭 사야 하는 이유를 열심히 주워섬겼다. 그러나 나는 오히려 너희에게 롤스로이스는 절대로 어울리지 않는다는 생각만 하며 그 자리를 떠났다. 롤스로이스라니! 그것은 너희를 망치는 짓이다. 우리가 메르세데스 벤츠를 타는 것도 딱히 권장할 사항은 아니지만, 롤스로이스나 벤틀리를 타고 돌아다니는 것보다는 그나마 낫다고 본다. 그래서 결국 판매상에게 추천은 고마우나 살 생각이 없다고 했다. 롤스로이스는 우리 가족에게 어울리지 않는다고 말이다. 언젠가 너희가 내게 롤스로이스를 사줄 날이 올지도 모르겠다. 그러나 그것은 다른 문제다.

다른 사람의 관심을 끌려고 돈 자랑을 할 필요는 없다. 돈이 아니라 지식으로 관심을 끄는 편이 훨씬 바람직하다. 혹시 왜 그렇게 입을 꾹 다물고 있느냐는 질문에 굳이 변명거리가 필요하다 싶으면 내 핑계를 대라!

종교에 대한
포용력

싱가포르에는 수많은 종교가 있는데 그 많은 종교가 다 환영받으며 어느 하나 배척되는 종교가 없다. 가톨릭, 개신교, 유대교, 힌두교, 이슬람교, 불교 등 다양한 종교를 믿는 사람들이 친구고 또 이웃이다. 그 사람들이 다들 만족해하며 함께 잘 산다.

종교에 대해 편협하지 않은 싱가포르처럼 너희도 모든 종교를 수용하고 존중하기를 바란다. 그리고 각 종교의 좋은 점을 받아들여 너희 삶 속에 잘 녹여냈으면 좋겠다. 너희는 절에도 가고 교회도 가면서 이미 모든 종교를 거의 다 알고 잘 받아들이고 있다.

이 세상은 종교적 편협함으로 가득 차 있다. 종교를 둘러싼 다툼과 전쟁이 끊이지 않는다. 그러니 너희는 앞으로도 계속 다른 종교를 존중하고 종교적으로 편협한 사고와 행동에 동조하지 마라. 너희만 그렇게 하는 것으로는 부족하고 가능하다면 다른 사람들이 종교적 편협성에 빠지지 않게 도와줘야 한다.

충돌 없이
분쟁 해결하기

사과하기를 좋아하는 사람은 없지만, 그래도 누구나 사과하는 법을 배워야 한다. 충돌이 일어났을 때 미안하다는 말을 할 수 있다면 훨씬 빠르게 해결책을 찾을 수 있다.

살아오는 동안 나는 수많은 이혼 장면을 지켜봤는데 부부가 이혼할 때면 대개 분노와 고통, 다툼, 갈등 등 부정적인 분위기에 휩싸이게 마련이다. 이혼 전문 변호사는 이런 상황을 좋아한다. 이혼과 관련해 부부 간에 이렇게 갈등이 충만해야 소송까지 가게 되고 그래야 변호사가 돈을 벌기 때문이다.

미국에서는 갈등이 생긴 부부가 계속해서 다투기 때문에 변호사

비용으로 어마어마한 돈을 쓴다. 그러므로 부부가 한자리에 앉아, 이혼 지경까지 몰린 데에는 두 사람 다 잘못한 부분이 있다는 점을 서로 인정하고 상대방에게 미안하다는 말을 한다면 훨씬 많은 것을 얻을 수 있고 돈도 많이 절약할 수 있다.

이제 와서 자신이 잘못했다고 인정하기는 매우 어려운 일이지만, 자신의 잘못을 인정하거나 상대에게 미안하다고 말하는 것은 매우 중요하며 꼭 그렇게 해야 한다. 그런데 대다수가 자신이 옳다고 생각하고 그 사실을 증명하려고 이를 악물며 끝까지 싸우려 한다.

이혼을 생각하는 모든 부부에게 1년 정도 시간을 두고 두 사람의 미래를 한번 진지하게 생각해보라고 권하고 싶다. 상대의 잘못만 들추면서 감정적인 소모전을 벌이기보다는 감정을 자제하고 좀 더 이성적으로 이혼 규칙을 정해보는 편이 두 사람 모두에게 훨씬 이득이다. 두 사람이 대화로 정리하든, 아니면 소송까지 가서 법적으로 해결을 보든 간에 어떤 식으로든 결론은 나게 된다. 어느 쪽이 더 나은 방법일까!

약 500년 전에 스페인과 포르투갈이 새로운 세계를 찾아 항해를 시작했는데 신세계(서반구 쪽의 신대륙)를 놓고 양국 간에 분쟁이 벌어졌다. 이 신대륙에 대한 소유권을 둘러싸고 양국이 전쟁도 불사하겠다는 상황이었다.

그 와중에 다행히 분별력 있는 사람이 나서서 전쟁을 시작하기 전에 교황을 찾아가 조언을 구하자고 제의했다. 양국 모두 가톨릭 국가라서 이 제안이 꽤 합리적으로 보였다. 그래서 양국이 교황 앞에 가서 상황을 설명했다. 스페인은 자국이 발견했으므로 신대륙은 스페인 소유라고 말했고, 포르투갈은 포르투갈대로 자국이 발견했으니 신대륙은 자국 소유라고 주장했다. 그러고 나서 교황에게 신대륙이 어느 국가 소유인지 결정해달라고 했다.

그러자 교황은 앞에 놓인 신대륙 지도를 보고 그 위에 선을 하나 그었다. 그리고 선을 중심으로 양쪽을 하나씩 가리키며 "이쪽은 스페인 소유고 저쪽은 포르투갈 소유다."라고 말했다. 오늘날 페루에서는 스페인어를 쓰고 브라질에서는 포르투갈어를 쓰는 이유가 다 여기에 있다.

갈등을 키우기보다 평화적으로 해결할 방법을 찾아낼 수만 있다면 더 평화롭고 더 평온하고 더 행복한 세상이 되고, 또 그러한 세상에서 사는 것이 우리 모두에게 득이 된다.

모든 사람을 존중하라

가장 중요한 인성 중 하나가 존중하는 마음이다. 자기 자신을 존중하고 더 나아가 다른 사람도 존중해야 한다. 외부 강연회를 하러 나갈 때면 나는 항상 직원들에게 말을 건넨다. 이 사람들이 참가자 확인을 하고 입장권을 배부하거나 회수하는 일을 담당할 터였다. 담당 업무가 무엇이든 상관없이 이들에게 가서 정중하게 고맙다고 말한다. 이런 사람들을 무시하기가 쉬운데 나는 절대 그렇게 하지 않는다.

그런데 이상한 일은 내가 이렇게 할 때마다 사람들이 그 이야기를 한다는 사실이다. 그리고 왜 직원들에게 말을 거느냐고 묻는다.

이 직원들이 우리 삶의 질을 높이는 일을 하고 있으니 정당하게 대우받으면서 자신이 하는 일의 가치를 인정받는다면, 그리고 우리가 이들을 친절하게 대한다면, 이 사람들이 더 행복해할 것이고 그러면 더 열심히 일하지 않겠느냐고 대답한다.

접수계 직원에게 인사를 건네고, 잠깐 짬을 내서 식탁 치우는 사람들과 사진도 찍으며 직원들에게 친절하고 공손하게 대하는 데 돈이 드는 것도 아니고 시간이 많이 걸리는 것도 아니다. 영향력 있는 유명인이나 거물급 인사들과 얼마든지 어울릴 수 있겠지만, 직원들을 정중하게 대하는 것 또한 잊지 마라.

경청의 중요성

나는 경청을 적극적으로 지지하는 사람이고 너희에게도 항상 경청이 얼마나 좋은 것인지 알려주려고 했다. 남의 이야기를 들으면 말을 할 때보다 훨씬 많이 배운다. 경청하는 법을 배우는 것도 하나의 기술이다. 제대로 알지도 못하면서, 심지어 자신이 지금 무슨 말을 하는지도 모르면서 열심히 떠드는 사람이 많다. 경청하면 유용한 정보를 더 많이 얻는다. 파키스탄에서 밀을 거래하면 큰돈을 벌 수 있다거나 이웃집 존스 씨가 아내를 폭행했다거나 하는 이야기가 들려올지도 모른다. 남의 말을 열심히 듣고, 보고 들은 여러 가지로 추론을 하면 한 시간 동안 떠드는 것보다 훨씬 큰 이득을 얻는다.

영화와 음악 내려받기, 대금 결제 및 기타 서비스를 제공하는 중국 회사의 최고 경영자를 만난 적이 있다. 이 회사 직원들을 상대로 강연도 한 번 했고 최고 경영자와 동료도 여러 번 만났다. 그러다 이 최고 경영자가 내게 이사직을 제의했다. 음악업계의 유명 인사인 다른 이사 한 명과 정부 관료도 몇 명 만났는데 이 최고 경영자에 관해서는 다들 칭찬 일색이었다. 이 회사는 한 경축 행사에서 다른 정부 관료 몇 명과 함께 상도 받았다. 내가 보고 들은 전부가 긍정적인 것뿐이라서 이사직 제의를 받아들이기로 하고 이 회사와 1년 계약을 체결했다.

얼마 후에 회의 참석차 베이징에 갔을 때 이 회사 직원 한 사람과 이야기를 나눌 기회가 있었다. 이 직원은 열에 들떠서는 그 시상식을 준비하느라 자신과 팀원들이 얼마나 열심이었는지 모른다고 말했다. 그러면서 그 사실을 매우 자랑스러워했다. 그러나 나는 너무 황당했다. 이 직원의 말인즉슨 시상식의 주최가 이 회사였다는 말이다. 따라서 실제로는 이 회사가 자사에 상을 줬고 함께 상을 받은 정부 관료는 누군지도 모르는 사람이었다.

인터넷을 찾아보니 중국과 중국인이 서구인과 다른 점에 관한 유용한 정보가 많았고 이 시상식 상황도 그 가운데 하나라는 사실을 깨달았다. 이러한 이유로, 그리고 중국인의 사업 방식을 잘못 해석했다는 사실을 깨달았기 때문에 이 회사와 계약을 갱신하지 않았다.

그런데 상황은 내가 예상했던 것보다 훨씬 심각했다. 내가 떠나고 6개월 후에 최고 경영자가 횡령과 사기 혐의로 투옥됐다. 천만다행으로 나는 주변에서 벌어지는 일에 관해 귀를 열고 들었고, 이 사직을 사임할 정도로 아직 분별력이 있었다. 그렇긴 해도 회사를 떠날 때 이 회사 주식을 처분하지 않았기 때문에 큰돈을 잃었고 결국 재정적으로 큰 타격을 입기는 했다.

고독의 가치

고독이 중요할 수도 있으니 혼자가 되는 것을 두려워하지 마라. 나라는 사람 자체가 혼자 있기를 좋아하는 사람이라 그런지 몰라도 내 생애 가장 좋았던 순간 중 하나는 모든 사람이 다 떠나고 나만 혼자 남았을 때였다는 생각이 든다. 다들 떠났을 때 이 세상에 나 혼자 남아서 나만의 세상을 즐긴다. 내 안에 세운 나만의 도시에서 원하는 것은 무엇이든 할 수 있다. 내가 원하기만 하면 언제든 차 안에 몸을 싣거나 오토바이에 올라타고 해변으로 향해도 된다.

혼자가 되면 삶을 되돌아보며 생각을 정리할 시간이 생긴다. 큰 일을 도모하고 있거나 어려운 문제에 봉착할 때면 혼자가 되어보라. 해결책을 찾고 마음의 평온을 얻는 데 도움이 된다. 활기차고 바쁘게 생활하는 데는 능숙한데 혼자 시간을 보내는 것은 별로 좋아하지 않는 사람들이 있다. 반면 너무 집에만 있어서 밖에 좀 나가라고 해야 할 만큼 혼자 지내길 좋아하는 사람도 있다. 어느 쪽이든 사람은 나이가 들면서 자신이 뭘 좋아하는지를 알게 되고 그렇게 자신만의 방식을 만들어간다.

옥스퍼드 대학원 마지막 학기 때 혼자 지내는 것의 장점을 처음으로 알게 됐다. 방학 중이었는데 휴가를 떠날 돈이 부족해서 방학 동안 한 친구 가족이 휴가를 떠나면서 비워둔 집에서 지내기로 했다. 그런데 이때는 학위를 따느냐 마느냐를 결정짓는 중요한 시험을 앞둔 터라 스트레스가 이만저만이 아니었다.

그리고 전년도에는 옥스퍼드 조정 2팀에서 타수(키잡이)를 맡았었는데 이번에는 조정 1팀의 타수가 되고 싶었다. 그런데 너무 실망스럽게도 우승 전력이 있는 하버드 조정 팀의 타수 출신이 이번 옥스퍼드 조정 팀의 타수 후보로 급부상했다. 이번에 조정 1팀의

타수가 되겠다는 내 희망 앞에 갑자기 너무 강력한 경쟁자가 나타
난 셈이었다.

방학 동안 혼자 있으면서 어떻게 하면 하버드 조정 팀의 타수 출
신을 물리치고 내가 조정 1팀의 타수가 될 수 있을지 그 방법을 열
심히 생각해봤다. 그런데 나 자신에 충실하고 가능한 한 최고의 타
수가 되는 일에 집중하는 것 외에 달리 방법이 없다는 사실을 깨달
았다. 그러면서 '나'라는 보트부터 잘 조정해야 한다는 생각이 들었
다. 하버드 팀 타수 출신의 그 선수가 이번 타수 자리를 놓고 나와
경쟁하기로 한 것은 내가 왈가왈부할 일이 전혀 아니었기 때문에
그 사람에 대해서는 아예 무시하는 것이 상책이었다.

마침내 결전이 날이 왔다. 나는 정신이 흐트러지지 않도록 온 에
너지를 모아 최선을 다하는 데 집중했다. 그리고 자만심 따위 떨쳐
내려 애쓰며 항상 겸손한 마음을 유지하려 했다. 그리고 내 인생에
서 그 어느 때보다 타수 역할을 훌륭히 수행했다. 반면에 하버드
조정 팀의 타수 출신인 후보자는 우승 팀의 타수였다는 자부심이
하늘을 찔렀고 그 경력만으로도 나를 제치고 타수에 선발되리라

는 자신감으로 가득 차 있었다. 내가 위협적인 경쟁자가 되리라고
는 꿈에도 생각하지 않는 듯했다. 나를 조금은 의식하는 편이 나았
을 텐데 말이다. 왜냐하면, 결국 내가 경쟁에서 이겨서 타수 자리
를 차지했으니까! 옥스퍼드 조정 팀은 결국 맞수인 케임브리지 대
학 조정 팀을 이겼다. 언론에서는 타수였던 내 솜씨가 이번 승리에
큰 역할을 했다고 평했다.

홀로 시간을 보내길 잘했다 싶은 또 한 가지 이유는 그 어느 때
보다 시험 공부에 집중할 수 있었기 때문이다. 그래서 그렇게 걱정
하던 시험을 아주 잘 봤다. 처음에는 의도치 않았던 그 고독이 내
게 얼마나 소중한 시간이었는지를 새삼 깨달았다.

인생의 후반기에는 뉴욕에서 지냈는데 이때는 주말이면 홀로 고
독을 즐기곤 했다. 주말에는 거의 텅 비어 있는 도시 안에서 유유
자적 시간을 보냈다. 나는 이 세상 어느 곳을 가든 항상 홀로 있는
시간을 즐겼고 그 시간이 어떤 식으로든 내게 도움이 됐다. 어렸을
때는 고독에 대해서는 생각해본 적도 없지만, 나이가 들면서 점점
고독이 소중해졌다. 너희도 고독을 소중히 생각했으면 한다.

포용력의 중요성

다행히도 너희는 지금까지 편견이란 것을 경험하거나 목격하지 못했겠지만, 앞으로는 다르다. 우리 주변에는 다른 사람에 대한 우월감을 과시해야 한다고 생각하는 사람들이 항상 있었고 앞으로도 그럴 것이다. 우리는 너희를 인종이라든가 그 사람의 정치·종교적 신념과 관계없이 모든 사람을 포용하는 사람으로 키우려고 노력했다.

앞에서도 말했다시피 싱가포르는 온갖 종교와 인종이 공존하는 국가다. 불교, 이슬람교, 힌두교 신자들이 대부분이지만, 유태교 신자도 많고 기타 소종교 집단들도 적지 않다. 너희는 이 모든 종교를 다 포용해야 한다.

미국은 현재 동성애, 동성혼 등이 합법화되어 있고 기존의 편견
도 점차 사라지는 추세다. 통계적으로 미국 전체 인구의 약 10%가
'동성애자'인데 너희가 만약에 이 사람들을 배제하거나 무시한다면
귀한 인재를 놓치는 일이 될 것이다. 내 사촌 한 명과 육촌 한 명도
동성애자였다. 이렇게 따지면 통계적으로 우리 가문은 소수 집단
에 속하는 셈이다.

싱가포르에서는 '동성애'가 공식적으로는 여전히 불법이지만,
다행히도 동성애를 수용하는 사람이 상당히 많다. 동성애는 일종
의 유전적 특성으로서 성적 취향의 차이는 눈 색깔이나 머리카락
색깔의 차이와 다를 바 없다는 연구 결과도 있다. 너희가 어떤 목
표를 추구하는 데 여러 가지로 도움을 줬던 사람들을 비롯해 우리
와 매우 친한 사람들 중에도 동성애자가 있다. 성적 취향의 차이는
차별의 이유가 되지 않는다. 그러니 너희는 각자의 성적 지향성과
관계없이 모든 사람을 포용해야 한다.

나는 '블랙벨트 중심부(The Heart of the Black Belt)'로 알려진 아주 작

은 마을에서 자랐다. 조지아에서 미시시피강 유역까지 이어진 비옥한 검은 토양 지대의 중심부에 위치한 곳이기 때문에 붙여진 이름이었다. 이 지대는 지난 200년 동안 대농장이 밀집해 있었고 1865년까지 흑인 노예들의 집단 거주지이기도 했다. 내가 어렸을 때는 이 지역 인구 중 대부분이 흑인이었고 인종 차별도 당연시됐다.

나는 1955년에 이 지역의 인종 차별 상황을 처음으로 실감했다. 그때 나는 마을의 흑인 거주 지역과 백인 거주 지역에서 광고지를 돌리고 있었다. 어느 날 흑인 거주지에서 일본인 젊은 여성과 마주쳤다. 2차 세계대전 종전 후 일본에 파병된 미군 병사가 많았는데 이들 중에 현지 여성과 결혼한 사람이 더러 있었다. 이 일본 여성이 백인 병사와 결혼했다면 백인 거주지에서 살았으리라는 사실을 바로 알아차렸다. 그러나 이 여성은 흑인 병사와 결혼했기 때문에 흑인 거주지에서 살고 있었다. 같은 사람인데도, 이 여성이 흑인이 아닌 백인 남성과 결혼했다면 '백인'으로 분류됐을 터였다. 이 어처구니없고 불합리한 상황이 지금까지 내 머릿속을 떠나지 않는다.

고등학교 때 나는 동네 슈퍼마켓에서 일했다. 그곳에서 일하는 직원 대부분이 이십 대 젊은 흑인들이었다. 다들 똑똑하고 재미있는 사람들이었다. 나는 이 흑인 직원들한테 많이 배웠고 함께 어울리며 즐거운 시간을 보냈지만, 직장 밖에서까지 마음 놓고 함께 어울릴 분위기는 아니었다. 지금까지도 버트와 스팹, 에디를 기억한다. 그래서 나중에 이 친구들과 다시 만나게 됐다. 영리하고 시류에 밝고 야망이 컸던 사람 대부분이 그랬듯이 이 친구들도 흑백 차별이 덜한 북부로 떠났다.

1964년도 예일 졸업생 가운데 흑인이 다섯 명이었는데 이 가운데 한 명과 방을 같이 쓰게 됐다. 전에 흑인들과 어울린 경험이 있어서 흑인 학생이 친숙하게 느껴졌기 때문이다. 뉴욕에서 살 때는 할렘(흑인 거주 지구)이 편하게 느껴졌기 때문에 이곳에서 시간을 많이 보냈다. 그리고 내 친구들을 할렘에 많이 데려갔는데 친구들 대부분이 적어도 처음에는 그곳을 너무 무서워했다. 그 모습을 보고 적잖이 당황했다. 특히 지하에 있는 클럽에 데려갔을 때는 더 그랬다.

나는 마르디그라(Mardi Gras, 사순절에 들어가기 전 화요일에 거행하는 축제
-옮긴이) 때 가장 신나는 퍼레이드를 펼치는 뉴올리언스의 흑인 사
조직 줄루 클럽(Zulu Social Aid and Pleasure Club)의 최초 백인 회원들 가
운데 한 명이었다. 줄루 클럽 회원은 퍼레이드에 나설 때 전부 얼
굴에 검은 칠을 하고 허리에 풀 모양으로 얼기설기 엮은 도롱이를
두른다. 너희 엄마는 내가 그 퍼레이드에 데려가면 아주 좋아했다.
너희 엄마도 오래전에 인종 차별 정책이 폐지된 노스캐롤라이나의
한 작은 도시에서 자랐기 때문에 나처럼 흑인 친구들이 많았다. 너
희 엄마가 아주 좋아해서 할렘으로 춤도 추러 가고 저녁도 먹으러
갔는데 우리 둘 다 할렘에 가면 너무 편안했다.

내가 이런 이야기를 하는 이유는 너희가 어떤 부모 밑에서 자랐
는지 자각하기 바라기 때문이다. 나나 너희 엄마나 인종적 편견 따
위가 스며들 여지가 없는 환경에서 성장했다는 사실을 알아줬으면
한다.

너희는 지금 여러 인종과 종교가 공존하는 국가인 이곳 싱가포
르에서 살고 있다. 너희에겐 종교적 신념이나 인종, 직업, 사회적

계층이 제각각인 친구들이 있다. 이러한 환경에서 살아온 너희가 앞으로 어떤 인종적 혹은 종교적 편견에 사로잡히리라는 생각은 눈곱만큼도 하지 않는다. 이것이 우리가 지금 여기서 사는 이유 가운데 하나다.

앞으로 살아가면서 주변 사람들을 배려하는 삶을 살아라. 열린 마음으로 모든 사람을 대해야 한다. 그렇게 마음을 열고 사람을 대하면 더 많이 배우고 더 많은 기회를 얻을 수 있기 때문이다. 살다 보면 나쁜 사람도 만나겠지만, 그 또한 인생의 일부다. 좋은 사람도 있고 나쁜 사람도 있겠지만, 그러한 사람의 됨됨이는 인종이나 종교와는 아무런 상관이 없다는 사실도 깨닫게 될 것이다.

나는 조부모님이 살았던 오클라호마에서 인디언과 흑인 그리고 백인과 함께 자랐고 그것이 너무 좋았다. 너희가 꼭 지금처럼 모든 사람을 포용한다면 앞으로 더 행복하고 더 풍요로운 삶을 살아가게 된다. 모든 것을 포용하는 자세로 살아가는 사람에게는 편견에 사로잡혀 사는 사람보다 더 좋은, 그리고 더 많은 기회가 찾아온다.

건강에 관해

내가 어렸을 때 인생에서 가장 중요한 것이 건강이라고 했던 어머니의 말이 지금도 생각난다. 열 살쯤 됐을 때인데 이 말을 듣고 어머니를 올려다보면서 대체 무슨 말을 하는지 의아해하던 기억이 난다. 그때 나는 피식 웃으며 이렇게 말했다.

"에이, 그게 뭐야. 건강이 뭘 그리 중요해?"

그때는 웃어넘겼던 그 말이 지금은 달리 다가온다. 지금은 건강하다는 것이 얼마나 가치 있고 또 얼마나 중요한지 잘 안다. 건강할수록 더 행복해진다. 건강하면 병도 없을 것이고 그러면 더 오래 살 수 있으니 말이다. 더 오래 살지 않더라도, 더 만족스럽게 살 수 있다.

　여기서 내가 하고 싶은 말은 너희 할머니가 했던 말을 귀담아 들으라는 것이다. 내 어머니는 말할 것도 없고 나도 이제 나이가 많지만, 아직 많이 젊은 너희는 운동도 열심히 하고 항상 건강을 돌봐야 한다.

섣불리 남을
판단하려 하지 마라

이전 책에서도 언급했지만, 지금 다시 한 번 강조하고 싶다. 너희가 만나는 사람을 멋대로 판단하려 하지 말고 그 사람들의 입장에서 그 인생을 이해하려고 노력하라. 다른 사람의 처지에 서보면 관점이 달라진다는 말은 새삼스러운 말이 아니다.

나이가 들수록 다른 사람을 판단하려 하지 말고 그 사람의 말에 귀를 기울여라. 그러면 우리 모두의 삶이 더 나아진다는 사실을 더 절실하게 깨닫게 된다. 그 사람의 말에 도무지 동의하지 못하겠더라도 절대 싸우려고 덤비지 마라. 될 수 있으면 그 사람들을 이해하려고 노력해보고 그래도 이해가 되지 않으면 그때는 그냥 너그

럽게 봐 넘겨라.

우리 모두가 남을 판단하려 하지 않고 맥주 한 잔씩 하면서 함께 춤을 춘다면 이 세상이 훨씬 살기 좋으리라는 생각을 가끔 한다.

A Gift to My Children

A Father's Lessons for life and Investing

8

모험을 좇아서

A Gift to My Children

늘 가던 길에서 많이 벗어나면 벗어날수록 더 좋다.
익숙한 길로만 가면 인생의 다양한 측면을 경험하지 못하고
더 좋은 기회도 많이 놓치게 된다. 그러니 다른 사람이
하지않은 일을 하라고 권하고 싶다.

불굴의 모험심

나는 너희가 내 모험 정신을 물려받은 것 같아 무척 기쁘다. 일전에 해피 네가 학교에서 돌아와서는 변화를 주고 싶다면서 좀 위험한 나쁜 학교에 가보고 싶다고 말했다.

물론 너희가 최고의 교육을 받고 일류 학교에 들어가기를 바라지만, 한 2주일 정도는 시쳇말로 '똥통 학교'로 불리는 형편없는 학교에 가보는 것도 괜찮다고 생각한다. 그런데 싱가포르에는 그런 학교가 없다는 것이 문제였다. 싱가포르는 물론이고 세계 곳곳을 둘러봐도 그런 학교를 찾기는 어렵다. 너희를 위해 저질 학교를 만들어줄 수는 없지만, 모험 기질을 한층 북돋우는 일 정도는 얼마든

지 할 수 있다. 그러고 나서 한 달쯤 지났을 때 네가 학교에서 돌아
와서 이번에는 북한을 가보고 싶다고 했다. 너는 내가 북한을 두
번이나 가봤다는 사실을 알지도 못하는데 어떻게 북한 생각을 했
을까!

나는 그동안 오토바이를 타고, 또 자동차를 몰고 온 세계를 누비
고 다녔다. 나는 인생의 다양한 측면을 경험하는 것을 좋아하고 모
험을 몹시 즐긴다. 가족 여행을 할 때면 세상에 대한 관심과 흥미
가 일어나도록 너희에게 가능한 한 이것저것 많이 보여주려 한다.

나는 너희가 늘 다니는 익숙한 길에서 벗어나 용감하게 모험을
좇았으면 좋겠다. 난양에서 학교를 마치고 프린스턴이나 그와 비
슷한 수준의 명문 대학에 들어가고 일자리를 얻고 나이가 차서 결
혼하는 등 남들 하는 대로만 하면 인생 경험을 제대로 하지 못한
다. 늘 가던 길에서 많이 벗어나면 벗어날수록 더 좋다. 익숙한 길
로만 가면 인생의 다양한 측면을 경험하지 못하고 더 좋은 기회도
많이 놓치게 된다. 그러니 다른 사람이 하지 않은 일을 하라고 권
하고 싶다.

위험한 곳을 찾아서

어디든 여행을 갈 때면 항상 그 지역에서 가장 위험한 곳을 찾아가려고 한다. 대다수 사람의 생각과는 달리 그 위험하다는 곳이 사실은 전혀 위험하지 않다는 사실을 알고 있기 때문이다. 뉴욕에 살 때는 할렘 가를 자주 찾았다. 여자 친구나 친구들하고도 같이 갔는데 할렘에 간다고 하면 처음에는 다들 무서워하면서 긴장하는 빛이 역력했다. 그러나 나중에는 다들 즐거워한다.

한번은 비밀 클럽을 한 곳 찾아냈다. 출입구가 판자로 막혀 있지만, 판자를 젖히고 문을 두드리면 2미터쯤 떨어진 곳에 구멍이 하나 열린다. 누군가 안에서 그 구멍을 통해 잠시 동정을 살피고는 괜찮다 싶으면 손님을 들여보내준다. 한번은 나를 인터뷰했던 BBC 방송국 사람을 그곳에 데려갔다. 처음에는 혼이 나간 듯 무서워하더니만 2년 후에 내게 전화를 걸어 자신의 아버지가 65세를 맞아 생일 선물로 그때 그 클럽에 모셔가고 싶은데 괜찮을지 물었다. 그래서 나는 이렇게 대답했다.

"물론이지!"

이 비밀 클럽의 상호는 '러브 네스트(Love Nest, 사랑의 둥지)'였는데 우리가 이곳을 다시 찾았던 그날은 바에서 흑인 여성 한 명이 춤을 추고 있었다. 그러다 우리 쪽을 향해 오더니 그날의 주인공 머리 위쪽에서 춤을 췄다. 당사자는 깜짝 놀라면서도 행복해했다. 평생 잊지 못할 생일이 된 셈이다! 모험을 두려워하지 않는 용감함을 갖추면 새로운 것을 다양하게 경험할 기회가 많이 생긴다는 사실을 알았다.

아주 유명한 미국 여성 잡지사 사장을 할렘에 있는 '에디스 소셜 클럽(Eddie's Social Club, 에디 사교 클럽)'에 데려간 적이 있다. 역시나 처음에는 무서워 죽을 것 같은 표정으로 너무 불안해했다. 그러나 문이 열리고 즐비한 슬롯머신을 보고는 얼굴에 화색이 돌았다. 파크가(Park Avenue, 유행의 중심지이기도 한 뉴욕의 번화가-옮긴이)를 돌아다니는 것보다 이 신나는 곳에 오는 것이 훨씬 재미있다는 사실을 알게 됐다. 처음에 걱정했던 것과는 달리 우리가 총에 맞아 죽는 불상사도 일어나지 않았다.

도쿄에 갔을 때는 NHK에서 '짐 로저스의 하루(A Day in the Life of Jim Rogers)'라는 제목의 다큐멘터리를 찍느라고 제작진이 내 뒤를 따라다닌 적이 있었다. 이때도 제작진에게 저녁에 도쿄에서 가장 위험한 곳에 갈 생각이라고 말했다. 그랬더니 처음에는 도쿄에는 위험한 곳이 없다고 말했다. 그래서 나는 경찰서에 전화를 걸었다. 그리고 도쿄에서 범죄가 가장 많이 일어나는 곳이 어디냐고 물었다. 그랬더니 조직 폭력배가 장악한 곳이 있다고 해서 그곳으로 가보기로 했다. 내 결정을 듣자마자 NHK 사람들은 놀라서 얼굴이 하얗게 질린 채 이렇게 말했다.

"안 돼요, 안 돼. 우리는 못 갑니다!"

그러나 그 사람들은 나를 따라다녀야 하는 입장이라 어쩔 수 없이 나와 같이 갈 수밖에 없었다. 그런데 세상에나, 그렇게 따분한 곳이었을 줄이야! 상점과 식당이 즐비한 곳으로 전형적인 도쿄 거리 그 이상도 이하도 아니었다. 특색 하나 없이 따분하기 이를 데 없는 곳을 두고 그런 데를 어떻게 가냐며 지레 겁을 먹었던 NHK 사람들도 머쓱한 기분이었을 것이다.

또 한번은 미시시피 강변 도시의 한 미술관에서 강연이 있었다. 이 만찬 강연회에는 시장과 은행장을 비롯한 그 지역 유명 인사들이 전부 참석했다. 저녁 식사를 마치고 나서는 그 사람들에게 홍키통크(Honky-tonk, 싸구려 술집)에 가고 싶다고 말했다. 잘 모르는 사람들은 홍키통크 하면 사내들이 맥주를 마시다가 칼부림이 나기도 하는 곳, 혹은 춤을 추거나 포켓볼을 치는 곳이겠거니 생각했다. 그래서인지 그 자리에 있던 사람들은 하나같이 그 동네에는 홍키통크가 없다며 나를 만류했다. 나는 이렇게 말했다.

"어허, 남부 도시에는 어디에나 홍키통크가 있답니다."

그래서 이번에도 경찰서에 전화를 걸었다. 그랬더니 이 도시에도 홍키통크가 두 곳 있다며 어떻게 찾아가는지를 알려줬다. 나는 수화기를 든 채 다들 들으라는 듯이 경찰관이 해주는 말을 큰 소리로 그대로 읊으면서 사람들이 어떻게 반응하는지를 살폈다. 사람들 반응은 이랬다.

"세상에나, 거긴 가면 안 돼요. 가면 총에 맞아 죽을 겁니다. 그냥 단순한 홍키통크가 아니라니까요. 얼마나 무시무시하고 위험한 곳인데요."

나는 아랑곳하지 않고 홍키통크에 꼭 가겠다고 했고 내가 뉴욕에서 여기까지 온 특별 강연자니까 당신들도 나와 같이 가줄 의무가 있다며 고집을 부렸다.

우리가 다들 정장에다 코트까지 갖춰 입은 상태로 홍키통크 안으로 들어서자 그곳에 있던 손님들이 깜짝 놀라서는 단속이라도 나왔느냐며 불안해했다. 그래서 나는 걱정할 필요 전혀 없다며 이들을 안심시켰다. 결혼식에 참석하고 오느라 정장 차림이고 그냥 놀러 온 것뿐이라고 말했다.

그런데 시장이 바 건너편을 둘러보다가 그곳에 앉아 있는 딸을 발견했다. 딸도 엄마를 발견하고 소스라치게 놀라며 물었다.

"엄마, 여기서 뭐 해요?"

시장도 딸에게 소리를 질렀다.

"너 여기서 뭐 하는 거니? 세상에나, 네가 이런 델 오면 어떻게 하니? 명색이 내가 여기 시장인데!"

많은 장소 다 놔두고 하필이면 상대방이 이런 곳은 절대 모르리라고 생각했던 여기 홍키통크에서 마주친 것이다.

그러나 애초 생각과는 달리 홍키통크에서 다들 정말로 즐거운 시간을 보냈다. 그리고 얘들아, 한 가지 더 알려줄 일이 있다. 홍키통크에서는 칼부림도 없었고 총에 맞아 죽은 사람도 없었다.

그래도 안전은 생각하자

나는 앞에서 어느 정도 위험을 감수할 줄 알아야 하고 모험 정신도 키워야 한다고 말했다. 그러나 너희가 여자이다 보니 걱정되는 부분이 없지 않다. 위험을 무릅쓸 줄 아는 용기와 대범함도 필요하지만, 자신의 몸을 안전하게 지키는 일도 못지않게 중요하다. 그래서 항상 조심하고 경계하는 습관을 기르도록 가르쳐왔다.

그 가운데 하나로서 길을 가다 낯선 사람이 너희를 붙잡으려 할 때는 바로 차도로 뛰어들라고 가르쳤다. 언뜻 들으면 무슨 말도 안 되는 소리냐 싶겠지만, 이렇게 하면 자동차가 바로 멈춰 서고 길 가던 사람들도 전부 발걸음을 멈추게 된다. 오해할까봐 분명히 말하는데, 달려오는 차 앞을 정면으로 들이받으라는 뜻이 아니다. 차도로 들어가 가능한 한 자동차에 살짝 부딪히라는 말이다. 이렇게만 해도 여기저기서 비명 소리가 터지고 행인과 운전자들이 놀라 아수라장이 된다. 그러면 경찰이 바로 달려온다. 너희에게 나쁜 짓을 하려 했던 그놈은 아마 꽁지 빠지게 달아날 것이다. 차도에 뛰어들며 그 난리를 치면 너희도 타박상을 입거나 팔다리가 부러질지도 모르지만, 성추행이나 강간, 납치, 폭행, 살인 같은 끔찍한 범죄의 피해자가 되는 일은 피할 수 있다.

그리고 직감을 무시하지 마라. 정확히 이유는 모르겠지만 괜히 불안하다 싶으면 일단 그 자리를 떠나라. 뭔가 놓치는 것 같다거나 이 길이 아닌 것 같다 싶으면 그 직감대로 움직여라. 꼭 그 해변 파티, 그 식당, 그 술집이 아니더라도 달리 갈 곳은 많다. 또 꼭 그 사람들 아니더라도 어울릴 사람은 많다. 여기는 아무래도 가면 안 될 것 같은 예감이 들어서 어떤 행사에 참석하지 못했다고 아쉬워하지는 마라. 직감이 하라는 대로 하면 더 좋은 일이 분명히 생긴다.

나쁜 무리

딸 가진 걱정 많은 아버지로서 너희가 어떤 친구들과 어울릴지 항상 걱정이다. 너희가 나이가 들어 어른이 되어도 걱정하는 마음은 변하지 않을 것 같다. 너희가 나쁜 친구들과 어울리기 시작하면 어쩌나 벌써부터 걱정이 이만저만이 아니다. 예를 들어 술을 너무 많이 마시거나 여자를 소중히 대하지 않거나 심지어 여자를 때리기까지 하는 그런 못된 녀석들 말이다. 그래서 너희가 자기 통제력과 분별력 그리고 도덕관념을 갖추도록 가르치려고 노력한다. 품행이 단정치 못한 헤픈 여자라느니 하며 남들의 입방아에 오르내리지 않기를 바란다.

너희가 태어난 후로 새삼스레 여러 남자와 아무렇지도 않게 만나고 다니는 여자는 대체 왜 그런 걸까 그 이유가 궁금해졌다. 가정 문제에서 비롯된 불안이나 불행감 때문이 아니있을까 싶기도 하다. 부모가 너무 바빠서 이 아이들을 제대로 돌보지 못했거나 자식에게 아예 관심이 없었을지도 모른다. 어쩌면 결손 가정에서 자라서 아무한테도 사랑이나 관심을 받지 못한다고 느꼈을지도 모른다. 가정에서 채우지 못한 사랑을 남자 품에 안겨 채우려 하는지도 모르겠다. 여자들이 왜 그렇게 쉽게 이 남자 저 남자 품에 안기는지 그 이유는 잘 모르겠지만, 너희는 정말로 그런 여자가 되지 않기를 바라고 또 바란다.

최근에 도널드 트럼프가 유명인사에게 여자는 손쉽게 취할 수 있는 존재라는 말을 해서 일대 파문이 일었다. 이렇게 손쉬운 여자를 가리키는 더 일반적인 표현으로 '스타 퍼커(star fucker, 스타와 성관계를 맺는 여자를 뜻함-옮긴이)'라는 말도 있다. 내가 아는 유명인사 중에는 유감스럽게도 트럼프가 한 말이 맞다고 확인해주는 사람이 많았다. 왜 그런지는 모르겠지만 유명한 사람들에게 끌리는 여자가 분명히 있다.

　너희에게 당부하고픈 말이 있다. 설사 유명인에게 가까이 가고 싶은 충동이 생기더라도 절대로 그 충동에 이끌려서는 안 된다. 남자는 그런 여자하고는 절대 미래를 꿈꾸지 않으며 그저 달려드는 여자를 이용만 할 뿐이다. 그 사람이 아무개하고 하룻밤 잤다고 온 동네에 떠벌리고 다닐지도 모르는데 대체 여자들은 그런 남자에게 왜 끌리는지 도무지 알 수가 없다. 남자는 이렇게 하룻밤 품에 안은 여자를 기억도 못한다. 그러니 설사 한번 안겨보고 싶은 충동이 생기더라도 절대 그 충동에 져서는 안 된다.

　내가 너희를 얼마나 사랑하는지, 또 너희가 매일의 내 일상에 얼마나 큰 의미가 있는지를 너희가 알아줬으면 한다. 그리고 될 수 있는 한 너희와 저녁 식사를 자주 하려고 한다. 최근에 가족이 함께 모여 식사하는 것이 아이들의 미래에 큰 영향을 미친다는 내용의 기사를 읽었다. 그래서 내가 여행을 떠났을 때를 제외하고는 웬만하면 항상 너희와 함께 식사를 한다. 여행 중에는 물론 그렇게 하지 못하지만, 내가 싱가포르에 있을 때만이라도 가족이 함께 밥

먹는 것을 매우 중요하게 생각한다.

 그리고 특별한 일이 없는 한 너희를 학교에 데려다주고 데려온
다. 너희에게 할 수 있는 한 잘하고 싶은데 제대로 하고 있는지 자
신은 없다. 다만, 지금 너희를 위한다고 하는 일들이 앞으로 살아
가는 너희에게 도움이 됐으면 한다.

지도 읽기

내가 어렸을 때 아버지는 내게 지도 읽는 법을 가르쳐주셨다. 얼마 전에 해피 네가 나한테 와서 왜 지도 읽는 법을 가르쳐주지 않느냐고 물었다. 그래서 우리가 항상 비행기를 타거나 다른 교통수단을 이용하기 때문에 자동차로 움직일 일이 없어서 그렇다고 대답했다.

그렇긴 하지만 우리 집에는 25개에서 30개쯤 되는 지구본이 있다. 세계 여기저기를 여행할 때 어디를 어떻게 돌아다녔는지 보고 싶어서 지구본을 늘 곁에 두기 좋아한다.

우리는 집에 이렇게 많이 비치된 지구본을 자주 이용한다. 가족

여행을 할 때면 너희를 지구본 있는 데로 데려간다. 런던을 여행할 예정이면 지구본을 돌리고는 런넌이 어디 있는지 찾아보라고 한다. 혹은 어떤 국가에 대한 이야기를 하다가도 지구본 쪽으로 가서 그 국가를 찾아본다. 다른 국가에서 손님이 왔을 때도 지구본으로 가서 그 손님이 어디에서 왔는지 찾아본다. 스위스에서 왔다면 지구본에서 스위스를 찾는다.

그래서 너희에게 지도 읽는 법을 따로 알려주지는 않지만, 이 세상에 대해서는 되도록 많이 가르치려고 한다. 미국에 사는 사람들 대다수가 지도에서 캘리포니아나 태평양을 못 찾는다. 캘리포니아든 태평양이든 간에 그런 곳이 지도상에서 어디에 위치하는지 꼭 알아야 한다고 생각하지 않기 때문에 못 찾아도 별로 개의치 않는다. 그러나 이런 사람들과는 달리 나는 아이들이, 아니 우리 모두가 태평양이 어디에 위치하는지 반드시 알아야 한다고 생각한다.

너희에게 지도 읽는 법을 가르칠 때가 올 것 같기도 한데, 요즘 사람들은 지도를 지니고 다니지 않는다. 지도 대신 휴대폰을 꺼내 앱을 실행하면, 예를 들어 런던에서 에든버러까지 가는 가장 빠른

경로를 알려준다. 내가 지도를 찾아 페이지를 줄줄이 훑어 내려가고 있으면 너희는 아마 "아빠, 뭐 하는 거야?"라고 물을 것이다. 그리고 이렇게 말하겠지.

"구글로 검색해봐!"

너희에게 지도 읽는 법을 가르칠 날은 아마도 영영 오지 않을지 모르지만, 너희가 사는 이 세계에 대해서는 많이 가르쳐주고 싶다.

9

돈에 대한
이해

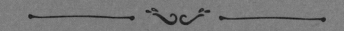

A Gift to My Children

이십 대부터 오십 대에 이르기까지
그동안 내가 만났던 사람들 중에 돈 문제로 고민하는
사람이 아주 많았다. 나는 이들이 좀 더 어렸을 때
돈은 '돈나무'에서 저절로 열리지 않는다는 사실을
배우지 못한 탓이라고 생각한다.

투자하는 법

단순하게 들릴지 몰라도 이제 나이가 들고 성인이 되어갈수록
돈에 대해 제대로 배워야 한다. 특히 십 대나 이십 대 젊은이 중에
돈에 대해 제대로 배우지 못해서 돈의 진정한 의미를 이해하지 못
하는 사람을 많이 봤다.

아르바이트를 하는 주된 이유 가운데 하나는 그 일을 하면서 돈
이 어떻게 기능하는지를 이해할 수 있다는 점이다. 요즘 우리는 누
구나 비교적 쉽게 돈을 빌릴 수 있는 사회에서 살고 있다. 그래서
수많은 사람이 카드빚을 비롯해 다양한 형태의 빚을 지고 있고 여
기저기서 대출도 많이 받는다. 그러다 결국 빚을 갚지 못하는 상황

에 처하고 갑자기 재정난에 빠져 집세도 내지 못하게 된다. 이런 사람들은 그 지경이 되어도 무엇이 잘못됐는지 모르고 어쩌다 그런 상황에 처하게 됐는지도 이해하지 못한다.

일찌감치 돈의 가치를 배우는 일이 그래서 중요하다. 씀씀이를 절제하는 법, 즉 절도 있게 돈 쓰는 법을 배워야 한다. 이렇게 씀씀이를 절제하지 못하면 나중에 재정적으로 많은 문제가 생긴다. 이십 대부터 오십 대에 이르기까지 그동안 내가 만났던 사람들 중에 돈 문제로 고민하는 사람이 아주 많았다. 나는 이들이 좀 더 어렸을 때 돈은 '돈나무'에서 저절로 열리지 않는다는 사실을 배우지 못한 탓이라고 생각한다. 그러니 너희는 한 푼이라도 늘리는 방향으로 돈 씀씀이를 잘 관리해야 한다. 돈을 은행에 맡기는 것도 좋은 방법이다. 여기서 나오는 이자가 쥐꼬리만 하더라도 이 적은 돈을 허투루 여겨서는 안 된다.

너희가 앞으로 투자자가 된다면 한 가지 꼭 알려줄 말이 있다. 반드시 너희가 잘 아는 정보, 잘 아는 종목에 집중해라. 시중에 떠도는 최신 정보에 솔깃해하지 마라. 믿을 만한 정보를 얻겠다면서

TV를 보거나 인터넷을 뒤지거나 신문을 읽는 일 따위는 다 부질없는 짓이다. 누구나 최신 정보를 얻으려 하고, 또 다들 최신 정보라는 것을 한 보따리씩 가지고 있다. 그러나 이런 정보는 다 무시해라. 너희 스스로 확실히 아는 정보만을 바탕으로 투자해라.

성공적인 투자자는 떠도는 최신 정보에 휘둘리지 않는다. 이 사람들은 자신이 잘 아는 것에만 투자한다. 앞으로 너희는 패션이나 자동차, 스포츠 혹은 이와는 완전히 다른 어떤 분야에 특히 관심이 많아질지도 모른다. 어떤 분야든 상관없다. 관심이 많아져 더 많이 알게 된 분야가 생기면 그곳을 투자처로 삼아라.

너희가 특정 업종에 대해 많이 알게 되면 그 업종에 대해서는 나보다, 그리고 다른 어떤 투자자보다도 더 많이 알게 될 것이다. 패션 산업이나 자동차 산업에 관심이 많다고 하자. 그러면 그 분야에 항상 관심을 기울이면서 업계 관련 정보나 기사를 열심히 찾아보게 된다. 따라서 해당 업종에서 벌어지는 일을 금방 감지하고 성공 가능성이 높은 투자 기회도 남보다 더 정확하게 더 빨리 포착한다.

예를 들어 너희가 자동차에 관심이 있다면 인터넷을 할 때마다 자동차 관련 부문은 꼭 검색히게 된다. 신문을 볼 때도 자동차 부문을 꼭 찾아 읽는다. 자동차 업계에서 뭔가 혁신적인 일이 일어나면 곧바로 투자 기회를 감지한다. 이것이 바로 성공적인 투자자가 되는 길이다. 관심 업종을 매일 주시하다시피 했기 때문에 월가보다 훨씬 먼저 투자 기회를 포착한다.

마찬가지로 관심 업종에서 일어나는 미묘한 변화를 누구보다 먼저 포착하기 때문에 최적의 매도 시점도 남보다 먼저 알게 된다. 전기 자동차 신형 모델이 출시된다거나 경쟁 업체가 훨씬 개선된 신제품을 선보인다거나 한국 자동차 회사가 더 저렴한 자동차를 제조하는 등의 최신 정보를 남보다 빨리 감지할 수 있다. 따라서 손을 털어야 하는 시점이 언제인지를 그 누구보다 빨리 알 수 있다.

내가 너희에게 평생 투자 기회가 25회밖에 없다고 말하면 아마도 너희는 더 신중하게 투자에 임할 것이다. 그래서 기회가 좀 보인다 싶으면 여기 투자했다 다시 저기 투자했다 우왕좌왕하는 일도 줄어들리라 생각한다. 그렇게 내키는 대로 행동에 나서는 대신에 가만히 때를 기다리다가 돈이 어디에 숨어 있는지를 확인한다.

그런 다음에는 돈이 숨은 그곳을 찾아가 그 돈을 그냥 주워 담기만 하면 된다. 투자는 이렇게 하는 것이다.

큰 성공을 거뒀을 때가 가장 위험한 시기라는 점을 알아야 한다. 성공에 취해 이때부터 자신이 매우 똑똑하다는 생각을 하기 시작하기 때문이다. 자신감이 생기는 것까지는 좋은데 자신감이 지나쳐 자만에 이르고, 또 한 번의 성공을 장담하며 서둘러 행동하려 한다. 그러나 이렇게 서두를 때가 아니다. 오히려 이럴 때는 커튼을 닫고 한동안 아무것도 하지 마라. 투자 생각은 잠시 접어두고 해변에라도 나가라. 흥분이 가라앉고 자만과 오만에 가득한 마음이 잦아들 때까지 기다려라.

사람들은 파티에 가서 엄청나게 오른 주식에 대해 떠들기를 좋아하지만, 이런 말은 귀담아 듣지 마라. 직접 조사해보고 확실한 내용을 알 때까지 기다려라. 그런데 사람들은 이런 식의 조언을 좋아하지 않는다. 이 조언에 따르려면 절제와 인내가 필요하기 때문이다. 그러나 성공하는 투자자가 되려면 꼭 이렇게 해야 한다. 이 조언과 반대 방향으로 나가면 성공하는 투자자가 되기는 아마 어럽지 싶다.

투자와 관련한 또 한 가지 중요한 교훈은 손실을 내지 말라는 것이다. 이는 복리의 위력과 관련이 있다. 아주 낮은 비율이라도 이를 복리로 계산해 수년 혹은 수십 년 동안 쌓으면 어마어마한 규모가 된다. 이것이 복리 수익이었을 때는 더 바랄 나위가 없지만, 손실이 났을 때는 이 복리가 감당할 수 없는 결과를 초래한다. 그러므로 복리 수익을 기대하다 손실을 낼 바에야 투자금을 그냥 지니고 있는 편이 차라리 낫다.

그렇다면, 손실을 내지 않고 투자에 성공하려면 어떻게 해야 하는가? 아주 간단하다. 확실히 아는 것에만 투자해라.

돈의 흐름 추적

아주 예전부터 배웠고 그 이후로도 계속 기억하는 중요한 교훈 가운데 하나가 돈의 이동 경로를 알아낼 수 있으면 크게 도움이 된다는 사실이다. 그러자면 누가 어디서 무엇으로 돈을 버는지 알아야 한다. 이러한 사실은 정치 분야에서 특히 의미가 있다. 워싱턴 정가나 기타 정치 중심부를 이해하려면 돈의 흐름을 알면 된다.

누가, 왜, 어떻게 돈을 버는지를 알아낼 수 있으면 무슨 일이 벌어지는지 더 많이 알게 된다. 미국에서는 이러한 상황을 '자금 흐름 추적하기(follow the money)'라는 말로 표현한다.

변화를 조작하거나 새로운 법을 도입하려는 사람들은 좀처럼

"잘 들으세요, 내가 하는 대로 하면 큰돈을 법니다."라는 식으로 말하는 법이 없기 때문에 돈의 흐름을 찾아내기가 쉽지는 않다. 이런 식으로 말하기보다는 전부 다 국가와 국민의 이익을 위해서 하는 일이라고 주장한다. 그러나 이런 사람들의 말이 아니라 돈의 흐름을 따라갈 수 있다면 정치, 자선단체 혹은 사회에서 나름의 성공을 거둘 수 있다.

예를 하나 들어보겠다. 예전에 패니메이(Fannie Mae, 연방저당공사) 주식을 공매도한 적이 있었다. 패니메이는 특히 주택담보대출 시장에 유동성을 공급할 목적으로 주택담보대출 채권을 사들이기 위해 정부가 만든 회사로 주택을 구입하는 사람들에게 큰 도움이 됐다. 그런데 패니메이의 재무제표를 살펴봤더니 재정 규모가 과도하게 팽창되어 있었다. 내 판단으로 이 회사는 손실을 숨기고 있음이 분명했고 그 상태로 어떻게 버티고 있는지가 의심스러울 지경이었다.

우연히 미 상원 의원과 만나 이야기를 나누면서 내가 걱정하던 부분을 설명했다. 나는 패니메이가 파산하거나 하는 불상사로 상원 의원의 명성에 먹칠하는 일이 없었으면 한다고 말했다. 패니메이의 파산 가능성에 관해서는 전에도 언론을 통해 여러 차례 예측했던 부분이다. 상원 의원은 패니메이가 정치인들에게는 큰 돈줄이지만 사실을 밝히면 모양새가 우스워지기 때문에 그 사실을 숨겼다는 식으로 설명했다.

어떤 하원 의원이 자신의 지역구에 공원을 새로 만들고 싶을 때는 곧바로 패니메이에 도움을 청한다! 그러면 공원을 만드는 비용은 패니메이가 대고 그 공훈은 하원 의원이 받아 챙긴다. 상하원 의원 모두가 패니메이를 이런 식으로 이용해먹었기 때문에 패니메이는 워싱턴 정가의 총애를 받을 수밖에 없었다. 이에 관한 한 공범자나 마찬가지라 다들 불편한 진실을 애써 외면했다.

비판자의 관점에서 볼 때 정말로 위험한 사실은 이렇게 패니메이가 정치인의 비호를 받는 일이 계속되는 한 이 불안한 줄타기가 계속될 수 있다는 점이다. 나는 당시의 주택 시장 상황에 대해 매우 비관적이었고 이 불안한 상태가 조만간 붕괴하리라 예감하고 있었다. 패니메이가 그동안 금융 및 경제 원칙을 어떻게 거스를 수 있었는지 파악하고 나자 패니메이가 무너지는 날도 머지않았음을 알게 됐다. 영원할 수 없는 것은 결국 끝이 나게 된다는 사실은 만 고의 진리 아니던가!

세계의 정황

나는 항상 세계적 관점에서 투자를 고려해야 한다는 주의였다. 브릭스(BRIC)라는 말이 대중화하기 훨씬 전부터 나는 브라질과 러시아, 인도, 중국을 눈여겨봐왔다.

다들 알다시피 브릭스는 브라질, 러시아, 인도, 중국의 앞 글자를 따서 만든 용어이며 2050년 즈음이면 이 4개국이 신흥 경제 대국의 선봉에 서게 된다는 주장이 공공연한 상황이다.

· 브라질 ·

천연 자원이 많아서 브라질에 대해서는 낙관하는 쪽이지만, 브라질을 이해하려면 먼저 이 이야기부터 한번 생각해봐야 한다.

일전에 브라질 대사를 만나 이야기를 나눴다. 대사는 브라질에 관해 이런저런 자랑을 늘어놓았는데, 사실 전에도 여러 번 들었던 내용이었다.

"앞으로 브라질이 세계 제일의 국가가 될 겁니다."

이렇게 말문을 연 대사는 계속 말을 이었다.

"브라질은 항상 위대한 국가였고 앞으로도 계속 그럴 겁니다."

브라질은 신이 선택한 국가이고 신이 다른 모든 국가 중에서 브라질을 으뜸으로 선택했다는 얘기였다. 그런데 대사가 잠시 말을 멈춘 사이에 누군가 이렇게 말했다.

"그러나 신은 그다음에 브라질 사람들을 보내 그 '위대한' 국가를 완전히 망가뜨렸지요."

만사가 무리 없이 잘 돌아갈 때 브라질은 정말로 멋진 국가다. 감탄이 절로 나올 만큼 아름다운 자연 경관에다 다양성이 공존하는 훌륭한 곳이므로 언젠가는 꼭 가봐야 할 국가임에 틀림이 없다. 특히 상품 부문이 순조롭게 돌아간다면 투자 관점에서 볼 때도 정말 기회가 많은 곳이다. 그러나 이 국가가 어떻게 운영되는지, 어떻게 굴러가는지는 알고 들어가야 한다.

· 러시아 ·

1966년에 처음으로 러시아에 갔다가 비관적 인상만 품고 돌아왔다. 투자에 적합한 국가는 절대 아니라고 봤고 그 이후 48년 동안 러시아에 대해서는 계속 부정적이었다.

이전 책에서 러시아가 무언가를 도모하기에 적합한 국가가 아닌 이유를 설명했다. 그런데 지난 2, 3년 동안 상황이 달라졌다. 정부에 무언가 변화가 일었고 러시아 국민도 이제 정부가 마음대로 국민의 돈을 강탈할 수 없고 국민을 쏘아 죽일 수도 없다는 사실을 깨달았다. 러시아 정부도 가능한 한 국제 규칙 안에서 움직여야 한다는 사실을 알게 됐다. 이러한 변화를 보고서 그제야 러시아에 투자하기 시작했다. 요즘에는 러시아 방문을 즐기고 러시아의 미래에 대해서도 낙관적으로 보게 됐다.

그런데 이 와중에 안타깝게도 미국이 러시아에 경제 제재 조치를 취하고 있다. 이는 정치인과 관료가 하는 일이 우리 모두에게 어떤 영향을 미치는지, 또 이들이 하는 일이 얼마나 부당한지를 잘 보여주는 예다.

크리미아(크림) 반도에서 발생한 일이 화근이었다. 미국의 관료 빅토리아 눌런드(Victoria Nuland)가 배후에서 우크라이나에서 일어난 쿠데타를 계획 및 모의했다는 주장이 진실일지 모른다는 것은 나만 아는 사실이 아니다. 그 결과 우크라이나 정부가 전복되고 러시아가 개입하는 사태가 초래됐다. 그리고 이 사태를 빌미로 러시아에 대한 제재가 시작됐다. 이 사태는 수많은 전쟁이나 국가 간 충돌 상황과 크게 다르지 않다. 이러한 사태 뒤에는 관료가 있었다!

제1차 세계대전만 봐도 그렇다. 제1차 세계대전이 발발하고 6개월 후에는 모두가 이렇게 자문했다.

"어쩌다 우리가 이렇게 됐지? 대체 무슨 일이야?"

모두가 전쟁에서 발을 빼고 싶어 했지만, 그때는 이미 너무 늦었다. 비엔나의 일부 관료가 시작한 이 일로 모든 것이 엉망이 됐고 그 결과 수백만, 아니 수십억 달러의 손실이 발생했으며 수많은 사상자가 생겼다. 과거를 돌이켜 인류의 역사를 되짚어보면 수많은 전쟁이 이런 식으로 시작됐음을 알게 된다.

우크라이나 사태도 예외가 아니며 이 때문에 러시아에 대해 부당한 경제 제재가 가해진 셈이었다. 내 생각에 이 모든 것의 시발점은 미국이었다.

수세기 동안 크리미아 반도는 러시아 영토였다. 그런데 1950년대 초에 당시 소련 공산당 서기장이었던 흐루시초프가 술에 취해 인사불성인 상태로 크리미아를 우크라이나에 넘기는 데 동의했다. 그 후 수십 년 동안 우크라이나 영토였던 크리미아 반도는 선거를 통해 우크라이나 영토이기를 원치 않는다고 선언했다. 이에 미국은 이것이 부정 선거였다고 주장했지만, 참관인들의 생각은 달랐다.

나는 그동안 수차례 우크라이나에 다녀왔고 크리미아가 어디에 속하는지를 내게 선택하라고 하면 나는 러시아의 손을 들어줄 생각이다. 현재 러시아가 그다지 바람직한 국가 운영 상태를 보이지 않는다고 생각할지 모르지만, 우크라이나는 수세기 동안 그래왔으니 상황이 러시아보다 더하면 더했지 하나 나을 것이 없다. 어쨌거나 크리미아 사람들은 우크라이나에서 떨어져 나오고 싶어 했다. 수십 년 동안 해왔던 방식으로 돌아가고 싶어 했고 나도 그 이유를 알 것 같았다.

결론적으로 말하자면 러시아가 부당한 평가를 받고 있는지도 모른다. 트럼프는 모두가 협력해야 하며 러시아와 우호적 관계를 맺고 싶다고 말했다. 안타깝게도 정치인과 관료가 충돌을 부추기는 모양새지만, 내 생각에는 러시아와 적이 되기보다는 친구가 되는 편이 훨씬 낫다고 본다. 서로 싸워서 대체 누구에게 득이 되는지 모르겠다.

· 인도 ·

평생 한 국가만 방문할 수 있다고 하면 인도를 선택하라고 말하고 싶다. 인도는 인공물과 자연 유적지가 놀라운 조화를 이룬 곳이다. 음식에서부터 종교, 건축물, 언어, 색깔에 이르기까지 경탄해마지않을 것들로 가득하고 모든 것이 다 경이롭다. 거리를 걷기만 해도 오감이 즐거운 그런 곳이다.

그러나 투자 관점에서 보자면 인도에 대한 평가는 여전히 비관적이다. 인도는 최악의 관료 체계가 큰 고민거리이며 내 경험상 투자에 적합한 곳은 절대 아니다. 인도에서 큰돈을 번 사람도 있으니 내 의견을 전적으로 따를 필요는 없지만 말이다.

인도가 다양한 인종과 종교, 언어가 공존하는 곳이라는 점이 긍정적으로 작용할 수도 있으나 이것이 마냥 좋게만 작용할지는 의문이다. 장기적 관점에서 상황이 어떻게 전개될지 예측하기 어렵기 때문에 인도에 대한 투자는 여전히 조심스럽다.

· 중국 ·

중국에 대해서는 대단히 낙관적이다. 물론 여러 가지 걸림돌이 분명히 있겠지만, 이는 불가피한 부분이다.

미국은 20세기에 가장 성공한 국가가 됐다. 그러나 그렇게 되기까지 다시는 생각하기도 싫은 남북 전쟁과 열다섯 차례에 걸친 경기 침체, 극심한 인권 문제를 겪었고 이로 인한 대규모 유혈 참사도 경험했다. 어쨌거나 미국은 수많은 문제를 극복하면서 20세기에 가장 성공한 국가로 자리매김할 수 있었다.

중국도 앞으로 많은 문제를 안게 될 것이다. 어떤 문제가 언제, 어디서, 왜, 어떻게 일어날지는 정확히 모르지만, 개인이든 기업이

든, 혹은 가족이든 국가든 간에 한번 크게 일어서는 과정에서는 수
많은 문제를 겪게 마련이다. 그러니 중국에서 어떤 문제가 발생할
때는 '웨이지(危機, 위기)'라는 단어를 꼭 기억하기 바란다.

'웨이지'는 영어에는 없는 아주 근사한 말이다. 웨이지라는 단어
에는 '대재앙'이라는 의미와 '기회'라는 의미가 다 들어 있다. 말하
자면 재앙이 있는 곳에는 기회도 함께 있다는 의미다. 물론 재앙
속에서 기회를 찾아낼 통찰력이 있는 사람에게 해당하는 말이긴
하지만. 그러니 만약 중국에 어떤 문제가 발생했을 때는 이 '웨이
지'를 꼭 기억해라. '재앙은 곧 기회'라는 이 말을!

삶의 지혜

자존감을 키워라. 너희가 자신을 소중히 여기는 모습을 보면 주변 사람들이 너희에게 더 잘해줄 것이다. 자신이 가치 있는 사람이라고 생각하는 것 자체가 매우 중요하다. 이렇듯 자존감이 있으려면 먼저 자신감이 있어야 한다. 우리는 너희가 이런 자신감을 키울 수 있게 도와주려고 한다.

◆◆◆

살아가는 동안 수많은 사람이 너희를 실망시킬 것이다. 때로는 아주 가까운 사람이 큰 실망을 주는 일도 있을 것이다. 그러나 실망감을 오래 곱씹지 말고 그냥 넘겨버려라. 그 대신에 그 경험에서 교훈을 얻어라.

◆◆◆

너희가 성공하고 잘나갈 때는 모두가 너희를 알고 싶어 하고 친하게 지내려 하겠지만, 너희가 곤경에 처하거나 잘나가지 못할 때면 외면하는 사람이 많아진다. 이럴 때야말로 누가 진정한 친구인지 알게 된다. 진정한 친구라면 기쁠 때나 슬플 때나 항상 너희 곁에 있어줄 테니 말이다. 그리고 너희도 사람들이 곤경에 처했을 때 모른 체하면 안 된다. 그런 때일수록 힘이 돼주는 일이 중요하다. 외면하지 않고 곁에 있어주는 데 큰돈이 드는 것도 아닌데 당사자는 그 일을 항상 기억하면서 매우 고마워한다.

◆◆◆

직감을 믿어라. 직감에 따라 행동하면 크게 잘못될 일은 없다.

◆◆◆

명성을 좇거나 유명 인사를 선망하지 마라. 다 부질없고 공허한 일이며 그런 것으로는 너희가 기대하는 것을 얻지 못한다. 혹시 명성을 얻게 되더라도 냉철함을 잃지 마라. 오랜 친구를 소중히 여기고 너희가 누구이며 어디서 왔는지 항상 생각하라. 명성이 사람을 망가뜨릴 수도 있다. 특히 너무 일찍 명성을 얻은 사람은 더욱 조심해야 하고 실제로 때 이른 명성 때문에 망가진 사람이 많다.

◆◆◆

다른 사람이 너희에 대해 내리는 평가나 판단에 연연해하지 마

라. 자신에 대해서는 자신이 가장 잘 아는 법이다. 합당한 자격도, 이유도 없이 남을 평가하고 판단하는 사람의 말은 귀담아 들을 가치가 없다. 그렇더라도 공격적인 비판을 받으면 그냥 넘기기 힘들겠지만, 그래도 섣불리 나서지 말고 차분히 대처하라. 한 가지 좋은 점이라면 대다수 사람의 기억이 그리 오래가지 않는다는 점이다. 대다수 사람은 상처 되는 말을 해놓고는 곧바로 잊어버린다. 그러니 마음을 강하게 먹고 힘을 내라.

◆◆◆

돈을 벌기 위해 살지 말고 매일, 매순간 뭔가를 배우기 위한 인생을 살아라. 그렇지만 돈이 사람을 망가뜨릴 수도 있으니 되도록 일찌감치 돈에 대해 제대로 배워라. 큰돈을 벌었을 때는 특히 더 조심해야 한다. 그렇지 않으면 그 돈이 큰 재앙을 몰고 올지 모른다. 항상 현실을 직시하라. 돈을 물 쓰듯 하지 마라. 재력을 과시하듯 아무데나 돈을 펑펑 쓰는 것만큼 어리석은 일도 없다. 졸부

(nouveau riche)라는 말이 괜히 나온 것이 아니다.

◆◆◆

낮 뜨거운 돈 자랑으로 너희 아버지를 난처하게 하지 않더라도 너희는 충분히 잘살 수 있다.

◆◆◆

살면서 달성하고픈 목표를 목록으로 만들고 그 목록을 항상 보면서 목표로 삼은 일을 중도에 포기하지 마라. 인생은 집중하고, 배우고, 성취하는 긴 여정이다.

◆◆◆

가족은 너희의 가장 큰 자산이지만, 모두에게 다 그렇지는 않다.

인류 역사를 돌아보면 가족끼리 서로 죽이는 일도 허다하다. 그래도 어차피 피는 물보다 진하다. 그러니 이왕이면 좋은 가족과 함께하는 삶이기를 기원해본다.

◆◆◆

자신의 장점과 단점을 알아야 한다. 정도의 차이는 있으나 우리 모두 흠이 있는 존재고, 완벽하다는 것은 어쩌면 너무 무미건조한 일일지 모른다.

◆◆◆

자신의 장점을 발휘하는 일에 집중하되 단점을 인식하고 이를 극복하려고 노력해라.

◆◆◆

더 나은 사람이 되려고 노력하는 일을 멈추지 마라. 변화와 개선은 성장의 기본 동력이다.

◆◆◆

공유하라. 공유하고 나누면 자신의 부를 혼자 누릴 때보다 더 큰 행복을 느낀다.

◆◆◆

현명한 사람은 극적인 일이나 두려움에는 별로 관심을 두지 않으며 그 대신에 인생이라는 여정의 장엄함에 초점을 맞춘다는 사실을 명심하라.

◆◆◆

가끔 두려움을 느끼는 것까지는 괜찮지만, 두려움에 무릎을 꿇어서는 안 된다. 너희는 어떤 두려움보다도 강한 존재다. 지금 너희가 느끼는 두려움과 문제를 그 이전에도 똑같이 느낀 사람들이 아주 많다는 사실을 기억하라. 너희들 이전에 수백만 명이 같은 두려움을 느끼고 또 극복했으니 너희도 극복할 수 있다.

◆◆◆

살다 보면 장애물이 나타날 때도 있다. 그럴 때는 그 장애물을 넘어 앞으로 나아가라. 그러고 나면 전보다 한층 강해져 있을 것이다.

◆◆◆

매일 너희 주변에서 일어나는 모든 일에서 영감을 얻어라. 너희의 삶에 영감과 창의력을 불어넣어라.

◆◆◆

그럴 만한 가치가 있는 사람들에게 너희의 시간을 할애해라.

◆◆◆

순수한 마음을 지녀라. 어디에 있든 누구와 있든 항상 친절하게
행동해라. 그 친절함이 곧 너희 인격의 바탕이 된다.

◆◆◆

다른 사람들은 너희와는 다른 가치관에 따라 각자의 삶을 살아
간다는 사실을 명심해라. 그 사람들은 어쩌면 더 나은 선택을 할
수도 있었는데 단순히 잘 몰라서 그런 선택을 했을지도 모른다는
사실을 명심해라. 이 책 안에 너희에 대한 '사랑'과 삶을 살아가는
'지혜'를 담아 너희에게 선물할 정도로, 자식에 대한 배려와 사랑이

넘쳐나는 아빠를 둔 사람이 이 세상에는 그렇게 많지 않다는 사실
도 기억하기 바란다.

◆◆◆

가끔 시간을 내서 자신의 생각을 가다듬는 여유를 가져라. 그래
서 자신의 생각을 명확히 이해하도록 해라. 그렇게 하면 자신에 대
해 더 잘 알게 되고 생각이 결국은 실제 행동으로 이어지게 될 것이
다.

◆◆◆

웃음의 중요성을 깨달아라. 항상 웃는 사람들, 함께 웃을 수 있
는 사람들과 어울려라. 웃음이 곧 행복이다. 웃음은 영혼을 환히
밝혀준다. 오래, 열심히 그리고 자주 웃어라.

◆◆◆

난간을 항상 잡아라. 너희가 항상 급히 다니면서도 설마 무슨 일
이 생기지는 않겠지라며 안이하게 생각한다는 사실을 잘 알고 있
다. 그러나 이 세상에는 그렇게 안이한 생각으로 행동하다 뼈가 부
러지거나 피부가 찢어져 꿰매거나, 혹은 이보다 더 심한 일을 당하
는 사람들로 넘쳐난다. 내가 아는 사람 중에도 계단에서 굴러 떨
어지는 사고를 당해 지금도 전신 마비 상태로 지내는 사람이 있다.
난간을 잡고 오르내리는 데 돈이 드는 것도 아니니 제발 난간을 잡
아라.

◆◆◆

자동차 문을 열 때는 더치 리치(Dutch Reach, 운전자가 문에서 먼 손으
로 자동차 문을 여는 행위. 한국처럼 왼쪽에 운전석이 있는 경우 오른손으로 문을 열
면 자연스럽게 몸을 비틀어 후방을 주시하게 되므로 개문 사고를 방지할 수 있음-옮

긴이)를 잊지 마라. 차 문을 열 때는 문에서 먼 쪽의 손으로 열라는 말이다. 이렇게 하면 차 문을 열기 전에 후방을 볼 수 있게 된다. 그런데 이 간단한 규칙 하나도 제대로 지켜지지 않는 것을 보고 너무 놀랐다. 그러니 너희는 더치 리치를 꼭 지켜서 이 습관을 몸에 완전히 익혀라.

◆◆◆

휴대 전화! 주의를 기울이지 않고 휴대 전화만 들여다보다가 끔찍한 사고를 당하는 사람이 주변에 얼마나 많은지 아느냐!

◆◆◆

우리가 자라면서 배우는 수많은 격언이 실제로 정말 중요하다. 격언이나 금언이 오랜 시간이 지나도 여전히 유용한 데는 다 그만한 이유가 있다. 이렇게 중요한 격언 가운데 하나가 "오늘 할 일을 내일로 미루지 마라!"다. 여기에 하나 더 덧붙이자면 마감 시한과 상관없이 어떤 일이든 할 수 있을 때 최대한 많이 해두라는 것이다. 준비할 시간이 충분히 있었는데도 예기치 못한 상황이 발생하는 바람에 일 전체가 엉망이 되기도 한다. 또 철저히 준비하고 계획한 일이 어그러질 때도 있다. 그러니 시간적 여유가 있다고 미루지 말고 할 수 있을 때 바로 해치워라.

예전에 사귄 여자 친구가 어찌나 꾸물거리기를 좋아하는지 이 친구에게 '미스 꾸물꾸물(Miss Put-It-Off)'이라는 별명을 붙여준 적이 있다. 쓸데없이 일을 자꾸 미루는 바람에 문제가 생긴 적이 한두 번이 아니었고 그럴 때마다 참 놀랍기도 하고 한심하기도 했다. 그러니 마감 시한에 관계없이 지금 당장 해버려라.

지은이

짐 로저스

1942년 10월 19일에 태어났으며 다섯 살 때 야구장에서 빈병을 줍는 일로 첫 아르바이트를 시작했다. 앨라배마주 데모폴리스에서 성장했으며 예일 대학에 장학생으로 입학했다. 졸업 후에는 옥스퍼드 대학 베일리얼 칼리지(Balliol College)에 진학했다. 이때 옥스퍼드 조정 팀의 타수로서 자신의 첫 번째 기네스 기록을 보유하게 됐다.

이후 글로벌 투자 회사인 퀀텀펀드(Quantum Fund)를 공동 창업했다. S&P 지수 상승률이 47%에도 미치지 못하던 1970년대에 퀀텀펀드는 4,200%라는 경이적인 수익률을 기록했다. 로저스는 37세라는 젊은 나이에 은퇴를 결심했지만, 그렇다고 빈둥거리며 놀지는 않았다.

자신의 포트폴리오 관리를 계속하는 한편, 컬럼비아 대학 경영대학원에서 재무학 교수를 지냈고 WCBS-TV에서 〈드레퓌스 라운드테이블(The Dreyfus Roundtable)〉 그리고 FNN에서 〈프로핏 모티브(The Profit Motive)〉라는 프로그램을 진행했다.

이와 동시에 오토바이를 타고 6개 대륙에 걸쳐 10만 마일이 넘는 거리를 주파하면서 두 번째 기네스 기록을 작성하는 기염을 토

했다. 로저스는 평생의 꿈을 실현하기 위한 첫 단추를 이렇게 끼운 셈이었다. 오토바이를 타고 완수한 세계 일주의 여정은 첫 번째 저서 《월가의 전설, 세계를 가다(Investment Biker)》(1994)에 고스란히 담겼다.

세 번째 기네스 기록의 바탕이 된 '밀레니엄 어드벤처(Millennium Adventure 1999-2002)' 때는 아내 페이지와 함께 116개국(그리고 약 15개 내전 지역)을 돌아다니며 15만 2,000마일(약 24만 4,700킬로미터) 이상을 달리는 기록을 세웠다. 이 대단한 여정은 로저스의 두 번째 책 《어드벤처 캐피털리스트(Adventure Capitalist)》에 담겨 있다.

현재, 아내 그리고 두 딸과 함께 싱가포르에서 살고 있으며 세계적인 투자자이자 방송 해설자, 평론가, 강연자로 활약 중이다. 더 궁금한 사항이 있으면 www.jimrogers.com를 방문하기 바란다.

옮긴이

이은주

이화여자대학교 법학과를 졸업하였으며, 현재 번역 에이전시 엔터스코리아에서 출판기획 및 전문 번역가로 활동하고 있다.

주요 역서로는《G2 불균형 : 패권을 향한 미국과 중국의 미래 경제 전략》,《벤저민 그레이엄의 증권분석읽기》,《워렌버핏 투자노트》,《세계 최고의 리더들은 어떻게 말하고 어떻게 다가가는가》,《미래 변화의 물결을 타라 : 3차 인터넷 혁명이 불러올 새로운 비즈니스》,《트럼프, 강한 미국을 꿈꾸다》,《공유 경제》,《하버드대학 중국 특강 : 하버드 석학들의 36가지 질문, 중국의 현재와 미래를 묻다》등 다수가 있다.

억만장자 아버지가 들려주는 인생과 투자에 대한 조언

내 아이들에게 주는 선물

개정판 1쇄 발행 2020년 6월 12일
개정판 2쇄 발행 2021년 1월 11일

지은이 짐 로저스

펴낸이 이형도
펴낸곳 ㈜이레미디어
전 화 031-908-8516(편집부), 031-919-8511(주문 및 관리)
팩 스 0303-0515-8907
주 소 경기도 파주시 회동길 219, 사무동 4층
홈페이지 www.iremedia.co.kr
이메일 ireme@iremedia.co.kr
등 록 제396-2004-35호

편집 이치영
디자인 유어텍스트
마케팅 최민용
재무총괄 이종미
경영지원 김지선

ISBN 979-11-88279-79-1 03320

- 가격은 뒤표지에 있습니다.
- 잘못된 책은 구입하신 서점에서 교환해드립니다.

이 도서의 국립중앙도서관 출판예정도서목록(CIP)은 서지정보유통지원시스템 홈페이지(http://seoji.nl.go.kr)와
국가자료종합목록시스템(http://www.nl.go.kr/kolisnet)에서 이용하실 수 있습니다. (CIP제어번호: CIP2020017565)